花まる学習会代表
高濱正伸
花まる学習会関西ブロック長
相澤 樹

あと伸びする子は こんな家で育つ

大和書房

はじめに

親であれば誰もが子どもに「大過なく、安定した生活基盤を築き、幸せな人生を歩んでほしい」と願うのではないでしょうか。もちろん私もわが子に対してそう思っています。しかし、これからの時代を生きていく子どもたちは、激しい変化の時代を生きていかなければいけない可能性がどうも高そうです。

子どもたちを取り巻く環境は、既に様変わりしてきています。時代が移り変わり、生きていく上で求められる力にも変化が生じることが想定される以上、当然「学ぶ」ということにおいても変化のバイアスは強くかかってきます。

愛情の深さから、先行きが不透明になればなるほど、いずれ困らないように正しい子育てをして生きる術を身につけさせてあげたい。一生懸命に育児書や教育書を読み、最新の教育手法が受けられる環境を探したり、過度にドリルを与えたりしてしまう。

そんなご家庭をたくさん見てまいりました。その行為の源泉は愛情でしかないのですが、どうも現場でそういうご家庭のお子さんの様子を見ていると、伸び悩みのスパイラルに入っているケースが多いと感じます。

課題をこなすことで精一杯、あるいは、こなしきれない自分に無力感を覚えて一番大事にしたい「学ぶ意欲」を明らかに失っている子。既にガス欠になっていて推進力もない。しかし、それでは将来困るから、もっと走れと道筋だけドンドン作られてしまい、ますますやる気を失う悪循環。親が道を作るのをやめようとするにも、ある種の勇気が必要だということも理解できます。しかし、根幹を成す「学ぶ意欲」が育っておらず、肝心の社会に出てから自走できなかった若者も多く見てきました。

また、たくさんの習い事を「している」ことに満足して忙しい自分に陶酔してしまっている子も増えてきています。習い事の数なんて全く意味を持たないことですが、子どもたちは忙しい自分を認めることでしかアイデンティティを保てないのかもしれません。かけている時間の価値が全く別のところに置かれていたら、やはりどんな習い事をしても効果は期待できません。

一方で、子どもが子どもらしく十全と育つ過程を寛容に受け入れ、いつも穏やかな陽だまりのように温かく見守っているご家庭のお子さんは、その時々で必要な寄り道を繰り返しながら、着実に生きていくための土台を築いているのです。9歳ころまでに、あとから伸びていくための栄養をしっかりと蓄えて、第二次性徴期を迎えるころから学力も体力も心の力もグングンと伸びていく事例をたくさん見てきました。

もちろん、今の時代、お父さんの育児への献身的な協力も忘れてはいけませんが、やはり、健やかに伸びていく子どもたちを見ていると、その後ろには、いつもお母さんの柔らかい眼差しと、ご家庭ごとの揺るがない方針があるものです。子どもたちへの学習指導を生業とする花まる学習会ですが、子どもの眠っている力を伸ばすには、お母さんを支えなければいけないということは、随分前から摑んでいたことでした。

本書では、子どもたちがあとから伸びていくための栄養を蓄えるために、環境づくりやご家庭での習慣、学習に対する考え方や休日の過ごし方など、親として家でしてあげられることを中心にまとめました。

また、親御さんが「これは絶対にしなければ」と焦っていらっしゃることが必ずしも必要なこととは限らないこと、子どもはお母さんの言葉や反応にとても敏感であること、そして、子どもが何かに夢中になっているのは本当に喜ぶべきことであること——など、過度に行動を干渉されている子よりも、おおらかに見守られている子の方が、健やかに十全と育ち、後々大成しているケースが多いという事例を通して、子どもたちの判断を尊重して任せてよいことや、積極的にご家庭で取り入れられることをおすすめする具体的な取り組みを記しています。

とかく家の中が戦いの場となりがちなお母さんに少しでも心安らげる余裕ができることを、そして、その余裕がお子さんを見守る温かい眼差しに繋がり、お子さんが持っている力をぐんぐんと伸ばしていかれることを願っています。

花まる学習会　相澤　樹

CONTENTS

INTRODUCTION

子どもにとっての家とは？

PART 1

あと伸びする子が育つ家の環境づくり

PART 2

あと伸びする子が育つ家での学習

PART 3

あと伸びする子が育つ家庭習慣

PART 4

あと伸びする子が育つ自由時間

PART 5

子どもを伸ばすために親が大切にしたいこと

COLUMN

INTRODUCTION

子どもにとっての家とは?

家族関係のよさが子どもの安心感の源泉

☑ 子どもも外でがんばっている

☑ 遠くまで光を届ける灯台のような家

夫婦間が仲睦まじければ、それに越したことはないのですが、お互いに人間ですから例えばどちらかの心持ちが少し悪いことから、けんかになったりすることもあるのが常ではないでしょうか。普段なら許していることも、今日は許せない。そんなことはいくらだってあります。変に我慢してけんかをしない仲のよい夫婦を「子どものために」演じたりする必要はありませんし、多少の夫婦げんかくらい子どもに見せても問題ないと私は思います。ちょっとした行き違いから夫婦げんかになったとしても、何となく自然と元に戻っていって、数日したらいつも通りになっている。「なんだかんだ言ってもお父さんとお母さんって仲いいよね！」くらいが理想でしょう。

しかし、イライラしている時に湧き上がるパートナーへの負の感情を子どもに聞かせてしまうのは十分気をつけておきたいところです。どんなけんかもある程度時間が過ぎて、夫婦間の感情が落ち着けば解決しているものです。日常の生活を忙しく過ごしている中で、そもそも何のことで揉めていたか忘れることだってあるでしょう。

しかし、昂《たかぶ》った感情の時に、お父さんがお母さんを、お母さんがお父さんを貶めてしまうような言葉を子どもに聞かせてしまうと、たとえ当事者がそのことを忘れたとしても、子どもたちは敏感に夫婦間の心の内を悪い方に想像していくものです。

「お父さん（お母さん）笑っているけど、心の中では……」

間違っている推測だったとしても、相手に対する悪感情を耳にする頻度が多かったら……。子どもの心の中で培ってきたはずのお父さん・お母さん像や信頼、安心が少しずつ少しずつ削られていくでしょう。もし、子どもが夫婦間の仲に気をつかうようになってしまったら、そこが安心できる家とは到底言えません。家の中で気疲れしていたら、外でエネルギッシュに活動できるとは思えないですよね。

子どもから見る家や夫婦像は例えるならば灯台の役割に近いものだと思っています。

少し想像してみてください。幼い子が公園に行きお父さん、お母さんの元を離れて砂場で遊びます。しばらく遊びに熱中したあと、ふと、お父さんお母さんの方を振り返り見守ってくれている眼差しを確認できたら、また遊び始めるでしょう。安全な湾の中で少し、また少しと家や親御さんとの距離を伸ばしては戻ることを繰り返す中で「帰れる場所」を確認し、安心を積み重ねているように見えます。

少し成長し、保育園や幼稚園、小学校に通うようになると、自ずと自分と他者で形成するコミュニティに足を踏み入れます。湾を少し出て外海に触れて、また帰る場所を示してくれる灯台に戻る。そこで栄養を補給し心身を休め、また外に出発する。中学生、高校生くらいになると、外での活動時間は長くなっていき、その中で人間関係に葛藤したり悩んだり、思い通りにならない挫折を味わったりする、そんな経験も増えてくる時期でしょう。社会人になってからはいよいよ荒波にもまれながら、長い航海を続けていかなければならないわけです。

面白いもので、外で長時間エネルギッシュに活動されていながら、活力に溢れている方たちと話をしていると、家に帰りたくなくて外での活動時間を増やしているのではなくて、戻れる場所に絶対的な安心感を持っているから頑張れてしまう。そんな人が圧倒的に多いように思えます。どんなに灯台から離れた場所にいても、光がしっかりと届き、自分が帰る港を見失うことがない。もちろん、幼少期は自身の実家や家族像こそが灯台でしょうし、やがて自身の帰る家を持ち、待っている家族がいれば、そこが二つ目の灯台になるのでしょう。

お父さん、お母さん、子どもたち。家族のみんなが思う存分、外で頑張れる力の源は、どんな時でも安心して心身を休められる家があるからと言っても過言ではないと思います。

改めて家の役割はなにかと言うと、外での集団生活を心配することではなく、帰ってきた時に「おかえり！」と言っておいしいごはんを食べさせてあげて「ゆっくり休みなさい」と寝かせてあげること。それが子どもたちが一番に望む家の機能だと思います。子どもにとって、「家に帰るとすごく安心できるなぁ。だったら次は、もう少し遠くまで行ってみようかな」という気持ちになれる場所であれば理想的です。

家がそういう場所であれば、子どもは挑戦をする、休息をとるということを何度も繰り返すことができますよね。

親御さんの立場からすれば、出かけて行く子どもが心配で心配でたまらないという思いもあると思います。ただ、いずれ自立させなければいけません。過度に心配し伴走を続けるのは小学校入学前くらいまでにしておき、そこからは少しずつ外に向かう子どもたちの背中を見送り、帰ってきたら受け止めてあげることが大事です。やはり、子どもたちにとっては、建物や間取りとしての家がどうこうではなく、家というのは、どんな時も自分のことを見守り味方でいてくれる親御さんへの信頼と安心がある場のことなのです。

お母さんの状態は、何より大切

☑ お母さんこそ息抜きを

☑ 子どもにイライラしないか問いかけを

子どもが健やかに育つ上で、お父さんやお母さんこそが安定していて、いつもニコニコ笑顔でいてくれた方がいいのは前述した通りなのですが、実際のところ、なかなかお母さんにその余裕がないのが実情です。頭ではわかっているし、そうしてあげたい。でも、ただでさえ家族みんなのためを思って、先々のことまで想像し毎日切れ目のないスケジュールを過ごしている。更に子どものために笑顔でいられるか。そうしてあげたいから、せめて自分のやることくらいはさっさと終わらせて！というところがおそらく平均的なところではないでしょうか。

うちも完全にそうです。2歳になる娘の自由すぎる行動に、初めは付き合ってあげながら優しく声をかけてあげていても、言うことを聞かず、ワガママの度が過ぎてくれば「いい加減にしなさい！」と声を荒らげます。苛立ちから発するこちらの言葉を聞くと、ますます悪い態度に変わり床に唾を吐き散らすという明らかに意図的な挑発行動をして更に妻を怒らせ、私も怒る。子育てに悩むお母さまに「正しい子育てはない」といつも伝えているのに、いざ自分の子どもになると「育て方を間違えているのかな」と不安にもなりますし、いつもニコニコなんて到底いかないことがよくわかります。

お母さん（もちろんお父さんもですが）は本当にいつもわが子のことを考えています。保護者の方と面談する機会が多くありますが、学習のこと、生活面のこと、お友達との関係、将来のこと、すべてのことにおいて想像を張り巡らせていらっしゃることに、深い愛を感じますし頭が下がります。

しかし、本当に少しでもいいから、お母さん自身の息抜きをされる時間を設けることも大切なのではないかと感じることも少なくありません。子どもたちの様子を観察していると、意外とお母さん自身が外で働かれていて、家の外にパイプを持っていらっしゃったり、あるいは家族で共通の趣味や遊びを持っていたりするご家庭のお子さんのほうが情緒面で安定していることが多いのです。

短時間の仕事でもよいと思いますし、趣味や好きなことでもいいと思います。午前中のたった1時間、お母さんの興味のあることのワークショップに参加するということでもいいと思います。**お母さんが好きなことを「やれた！」という満足感を持てることが大事**で、そうやってリフレッシュしてまた子育てに戻るというサイクルのほうが、子どもにとってもいい効果が見られます。まだまだ、そういう「自分の好きなことをしちゃいけない」「子どもに全ての時間を捧げないといけない」という風潮に縛られているお母さんはやはり話を聞いていると多くいらっしゃいます。真面目で一生懸命なお母さんから感情的に本気で叱られると、子どもはぐーっと萎縮します。

子どもを叱っている時でさえも、もう一人の自分が頭の上にいて、「ちょっと、言い過ぎよ！」と自分に突っ込んでいる……というくらいのメタ視点を持てているかどうか。これは、**お母さんの心の余裕をはかるバロメーター**としても持っておかれるといいと思います。

母親業も仕事もカラッと明るくエネルギッシュにされているお母さんに率直に秘訣を聞いたことがありました。恥ずかしそうに教えてくれたのは、月に一度大好きなカラオケで友人と2時間歌い、そのあと、心ゆくまでおしゃべりをすることをまずスケジュールに組み込んでいる。それをご主人や子どもたちに理解してもらい、存分にリフレッシュしてまた日常に戻るんです、と教えてくれました。お母さんの安定を考える家族のチームワークの好例だなと思うのです。

さて、外で活動する時間が長い小学生以上の子どもやお父さんにとって家は「やるべきことを終えて帰ってきたオフの場」であることに対して、お母さんにとって家はまさに「やることだらけの戦場」。つまりオン状態でいる時間が長い場所です。

当たり前のことですが、オン状態のお母さんの前で、完全オフ状態の人がいたら、それは小言の一つも言いたくなる気持ちは十分理解できます。家族のために家事に奔走しているからこそ、ソファでくつろいでいるお父さんを見ると「ちょっとどいて！」と言いたくなるし、既に宿題ややるべきことを終えて、テレビを見ている子どもを見ると「他にやることないの⁉」と言ってしまう。家の中で自分だけが負担を感じているのですから、無理もありません。

ですが、この状況はベストではありませんよね。どうすればいいかというとやはりお母さんがゆとりを持つこと、ゆったりする時間があること、終わらない家事をある程度手放すこと……こういったことがどうしても必要になってきます。

お母さんのイライラが多少なりとも軽減されれば、怒りのこもった「宿題やったの⁉」も減るはずですから。

リビングに思い出が集まるように

☑ リビングの重要性

☑ いかにくつろげているか

家庭での家族のコミュニケーションと、学習面における子どもの伸び方というのは、密接な関係があります。言うまでもありませんが、コミュニケーションが先にあり、前述した通り情緒が安定し、その安定の上に学んだことが積みあがっていくということです。入り口となるコミュニケーションが起こる一番の場所が、住まいの中の「リビング」であるといえるでしょう。

そもそも家の中で、家族が全員集まれる場所というのは、意外とリビングに限られます。そこが、家族全員にとってリラックススペースであり、情報や知の共有の場であり、家族の進む方向性を話せる場になっているかが肝心です。

家族がそれぞれの場所で時間を過ごし、一日の終わりに、その日の出来事が集まってくる場所になっているでしょうか。できれば、そこで、子どもたちは「嫌だったこと」「悲しかったこと」などを吐き出して、寝室にはそういったものを持ち込まず、ぐっすり眠れる……というのが理想でしょう。休日は、なおさら、そこで家族が過ごす時間が増えるわけですから、ともかく「みんながくつろげる」ことが大切です。くつろぐ、というのは、休む、というわけではなく、家族全員がそのままの自分でいられる空間、というイメージでしょうか。

生徒の保護者の方から、「うちの子、外では頑張っているって褒められるんですけど、家の中では本当に言うことを聞かなくてダラダラ過ごしているんですよ。それが許せなくて」というお悩みの相談を受けることも多いのですが、「家の中がくつろげて安心できる空間であることはとってもいいことですよ」とお答えしています。また、安心できる空間で子どもが好きなことに没頭している時間は「意味のない時間」＝「ダラダラしている時間」と捉えられがちですが、あとからグングン伸びてくる子に共通しているのは、没頭している時の集中力の高さと維持できる時間の長さなのです。

大人はもちろん、**子どもは子どもなりに、外の世界で気を張って過ごし、家に帰ってきます。** そんな中、リビングでも気を張ってしまって、子どもが、自分の部屋でしかくつろげないのは、少し辛いですよね。ふーっと、一息つける空間が、親の目があるリビング内にあるのは、幸せなことでしょう。そして、そのリラックスした状態でのコミュニケーションが安心の源泉となり、安定した情緒が育まれていきます。リビングが、家族のその日の出来事が集まる場所になっているといいですね。

PART
1

あと伸びする子が育つ
家の環境づくり

ファミリーライブラリーをつくる

☑ 親が本を楽しんでいる姿
☑ 会話のきっかけづくりにも

「読書が子どもにとっていい」

これは、みなさん、割と「そうですよね」とうなずかれると思います。伸びる子の特徴の一つとして、ある時期に多読だったというケースがあります。読書の効用は枚挙に暇がないので、ここでは「読書をする子は、どうやったら育つのか」という部分に焦点を当てていきましょう。

これには、頭を悩ませる保護者の方が多く、保護者面談をしていても「うちの子、本を読まないんですよ」という相談をよく受けます。親が読書をしている姿を見せる、思春期以降に心をぐっとつかまれる本に出会うきっかけをつくるなど、対応は様々あるのですが、その一つに、住まい、空間からアプローチできる方法があります。

それは、「ファミリーライブラリーをつくる」ということです。

家の中に本が身近にある状態をつくることが大切です。子ども専用の本棚をつくることも、子どもにとっては嬉しいことかもしれませんが、本を飾ることがゴールとなり満足してしまうというケースも見られます。

おすすめは、父母が読む本も一緒にずらりと並んでいる「ファミリーライブラリー」です。

「書斎」や「本の一室」をつくっているケースもあるかもしれませんが、いわゆる重厚なイメージの書庫ではなく、いつでも目に入るところ、思い立ったらすぐ手に取れるところにつくり、本へのハードルを低くすることを意識してみてください。

そこから親御さんが自然と本を手に取って開いて読み、少しの時間没頭する。そんな何気ない姿を子どもはよく見ています。

「いつもお母さんは本を読んでいるときは嬉しそうな顔をしているな。そんなに面白いのかな」と思い始めたら、もう少しで自発的に本に手を伸ばし始めるでしょう。人に読みなさいと言われるのではなく、読んでみたいと自ら思うことが読書の世界への第一歩です。読書をする姿をぜひ見せてあげてください。

もう一つ、読書の動機を高める手段として、「表紙が前を向いている」方が、子どもの視覚に訴えやすく、「この本を読んでみたい」と瞬間的に手を伸ばしますね。これは、本屋さんや図書館で子どもたちの動きを見ていると明らかです。基本的に整然と並んでいる背表紙の本には見向きもせず、やはり対面して目に入る表紙や、平台に置かれているものに目が向かっています。

過去に数例同じことを取り組まれているお母さんがいらっしゃいました。リビングのごく一部に表紙を向けて3冊程度並べればいっぱいというくらいの小さな本棚を用意します。その本棚に「今週の本のコーナー」と名付け、ここからが肝心です。お母さん自身が図書館で見つけた「自分が読みたい児童書」を並べたそうです。別の例では「今月の一冊」と称して毎月1冊、本屋で買った本（季節に合わせたものが多いと仰っていました）を置き、前月以前のものを階段に表紙が見えるように並べていったという話を伺いました。共通しているのは「読みなさい」とか「読ませよう」という意思がそもそもなかったということです。第一に私が読みたいから置いておいた。気になって手に取ってくれたらもうけもの。興味がなければ、それはそれでいいくらいの心持ちで始めたところ、結果として更新されていく本を心待ちにすることが家族の行事になったということです。インテリアデザインとしても、かわいらしく彩れるというのがお母さんの密かな楽しみだとも話されていました。

遊び心をくわえて、月ごとにテーマを変えたり、「季節の本」「お父さんのおすすめ本」「お母さんのおすすめ本」などにしたりするのも、子どもたちの関心が続くでし

季節の本
花の本

ょうし、本を通して会話のきっかけになることもあるでしょう。

また、活字より絵（漫画）が多いというだけで、その本は不要と敬遠される方もいらっしゃいますが、社会に出て大活躍している人たちの趣味が意外なことに漫画の多読という話を聞くことが多いのです。活字の醍醐味は、読みながら頭の中でその場面や登場人物や心理を自分で想像することですが、やはり**子どもの頃は、想像部分を補完してくれる絵の存在はありがたい**ものです。

例えば、歴史漫画や偉人伝漫画などは好例ですが、子どもたちにとってのロマンを掻き立てるものであることは間違いなく、だからこそずっと残っている訳ですよね。子どもたちにとっても大事にしたいのは、絵ではなくストーリーなのです。ストーリーを純粋に楽しみたいからこそ、場面や人物像を絵にしてくれていると、より理解したいところに集中できるということが言えるでしょう。しかし、そこを「楽をしているのではないか」と思われがちなのです。読書の目的は苦しませることではないはずです。歴史漫画や偉人伝漫画に熱中している子どもたちはそこから多くを楽しく学んでいます。そこは柔軟にとらえられるとよいかもしれません。もちろん、いわゆる娯楽漫画も、過度に遠ざける必要はないと私は思っています。

遊びに没頭できるスペースをつくる

☑ 小学校低学年期までは特に必要

☑ 子どもは「はじっこ」が好き

良質な遊びに没頭できるスペース。

これは特に、幼児期、小学校低学年期には、絶対に用意してあげたい空間の一つです。マットを敷くなどして、「ここでだったら何をして遊んでもいい」という場所を確保してあげるのがおすすめです。

部屋一室など、広くなくてもかまいません。

むしろ、子どもたちは、「はじっこ」が大好きです。子どもたちを広い部屋に集めて、「はい、じゃあ、自由に遊んでいいよー」とすると、面白いことに、なぜか、**まずは部屋の四隅で遊び始めます**。そして慣れてくると、次は、壁際（四角形の辺の部分です）に少しずつ領域を広げます。真ん中でどーんと遊ぶことは、実はあまりありません。ですから、家の中に子どもの遊びのスペースをつくる時も、四隅のどこかというこことを心に留めておいていただくと、子どもたちの「没頭スペース」がつくりやすいでしょう。

また、人間の特性として、一段下がった「溜まり」が落ち着くという研究結果があるということを知りました。この特性に着目し、最近ではあえて**段下げした空間**をつくる家も増えているようです。これは子どもたちにとっても楽しい空間ですし、家族の皆が何となく集まりリラックスできる場所になりそうですね。また、中二階になるようなロフトの設置なども幼児期の子どものプレイルームとしていいですね。大事なのは「ここは遊び場」という明確な区切りです。

もちろん、そういった家づくりのところから、手を入れられるケースではない場合もあると思いますが、ジョイントマットの組み合わせや、キッズテントやティピーなどで区切る、この中ではなんでも自由にしていいよと柵で空間を区切るなど、工夫次第で、「没頭スペース」は生み出せます。お子様と相談しながら、空間自体を一緒につくってみても楽しいですね。

ホワイトボードを設置する

☑ 子どもに説明させる経験を

☑ スケジュール感を養うにも効果的

コミュニケーションの場としてのリビング、またキッズスペースとしてのリビング、どちらにもおすすめなのがホワイトボードの設置です。花まる学習会では随分前からドラフトウォールと呼ばれる、大きな薄手のホワイトボードを壁に貼り付けることの効用を提唱してきました。

マグネットを使えば壁面の遊び場になり、水性ペンを使って絵を描いたり、子どもに勉強を教えたりする黒板代わりにもなります。また家族のコミュニケーションツールとしても使える多機能ホワイトボードは比較的取り入れやすく大変おすすめです。

高度な使い方としては、子どもたちに「説明をする経験」を積ませることができます。例えば、新しい単元を学習したときに、習ったことを人にわかりやすく説明できているようであれば深い理解に至っていると言えますし、仮に上手にできなくても説明をすることを通してどの部分の理解が甘いのかを実感することができるのです。

「勉強やったの?」

「宿題できた?」

こんなふうに聞くよりも、「今日の宿題の算数の問題のやり方、先生になって、ホワイトボードを使ってお母さんにも説明してくれる?」の方が、子どもたちも断然気分よく取り組めるかもしれません。

また、毎日の漢字クイズ5問などとして、漢字の確認テストを書いておくといったように楽しく学ぶツールとしても最適です。

また、ホワイトボードに、帰宅後の自分の予定を書かせるというのもおすすめです。何時に宿題をやり、遊ぶ時間は何時で、いつお風呂に入り、何時に寝るか。

言われるのではなく、「自分で決める」ということの効能が大きく見られますし、自ら可視化することですっかり忘れてしまうということが格段に減ります。高学年から少しずつ始めればよい課題ではありますが、スケジュールを立てて実行するということ自体、後の学習や大きくなってからの仕事に至るまで子どもたちの常に近くにあるものです。ホワイトボードの習慣があることで、スケジュールを書き出す習慣を身につけられる可能性が高まります。

3じ しゅくだい
4じ こうえん

「子ども部屋」は絶対ではない

☑ 個室にこだわらず、家全体に居場所を

☑ 主体性が生まれているかが肝

「子ども部屋は何歳から必要ですか？」

「子ども部屋を用意してあげるスペースがありません。思春期を迎えるこれからは大丈夫でしょうか？」

「子ども部屋をつくると、子どもがやっていることが分からなくなるので不安です」

このように、子ども部屋に関する悩みは少なくないでしょう。面談でもよく聞かれます。


これらの質問に関しては、「あるか、ないかということを考える前に、まずは、家全体が子どもの居場所になるようにしてあげてください」とお返事しています。一般論として子ども部屋の是非や与えるタイミングが語られますが、現場で見ている感覚としては、これという正しい回答はありません。

そもそも、前述した二つめの質問のように物理的に難しいことは仕方がないことです。そこで強引に子どもの居場所を確保して、周囲がそのことによって不便さを被ってしまうのは本末転倒です。

また、子ども部屋を与えてみて、ここは大人の部屋、ここは子どもの部屋と壁で区切ってしまうことで、なんとなくコミュニケーションの機会が減ったな……と感じるようであれば、少し見直しが必要でしょう。「ゆるやかに空間がつながっているが、この場所は自分のエリアだな」と感じることができればいいのです。絶対に「5年生になったらそういう場所が必要」ということではなく、学年や年齢に関わらず、成長の過程の中で「一人でいる『時間』がほしい」というサインが感じられたところから考えればいいと思います。

ポイントとしては、

・「家族の息遣い」が感じられる場所にする（二階の個室に一人で扉を閉め切っている状況が普通ということはできれば避けたいところです。家族が家事をする動きや、食事の匂いなども、感じられるといいでしょう）

・空間が仕切られていないほうがよい。難しく考える必要はなく、独立した部屋であっても扉は開いている

このような部分です。

何を置いておくかも大事

子ども達と接していて感じるのは、「やらされ感」を持ったまま勉強や遊びに取り組んでいる子どもというのは、伸び悩む、ということです。「自分から」学ぼうとしているか。「自分が」考えて、遊びを生み出しているか。自主性は、将来魅力的な、メシが食える大人になるためには、必要不可欠な要素であるといえます。

「うちの子、なかなか自主性がなくって……。どのように声かけしたらいいですか？何か親ができることはありますか？」と悩まれる方も多いですが、**声かけに関しては、「放っておく」ことです。**これが何よりも大事です。あれこれ先回りして、何かに誘導しようとしても、子どもは必ず敏感に感じ取り、場合によっては、先回りされたことにより嫌になってしまうケースもあるでしょう。

ただ、「子どもスペースの環境」だけは、少し先回りして配慮できる部分もあります。刺激的かつ、受動的になりやすいおもちゃではなく、自然と能動的になって取り組めるような遊び道具を、準備して、「そっと」置いておいてあげてください。パズルや、工作、本などがおすすめです。そして、**「放っておく」＝「こっそり、見守る」**。すぐに、興味を示さなくとも、そこは待ちの姿勢で。「やりなさい」と言われて取り組んだ五回よりも、自分から「やりたい」と思って取り組んだ一回の方が、その子にとっては何倍もの学びになりますから、親はあせらず、放っておいてあげましょう。

また、「自主性を引き出す子どもスペースをつくった」として、最初はそこで遊んでいた子どもも、飽きて来たら段々と移動するかもしれません。しかし、「そこは散らかさないで。遊ぶ場所はここ！」と注意してしまうと、子どもの「遊びたい」という気持ちは、しぼんでしまいます。移動した先で、自主的に何かを発見して遊んで、飽きたらまた別の場所に行って遊んで……家は散らかり続けるかもしれませんが、そこに、子どもの自主的な遊びがあれば、ぜひ大らかな気持ちで見守ってあげてください（収納のしつけについてはＰＡＲＴ３をご覧ください）。

部屋を流動的に使う

☑ 個室というより空間を
☑ 家の使いかたもその時々で

「子ども部屋」に関して、素敵な事例を紹介いたします。

私の教え子で、男の子3人兄弟のご家庭がありました。当時は6年生、3年生、1年生です。暮らしていた家はそこまで広くはなく、兄弟一人ずつに部屋を準備してあげられない……と悩んでいたご両親は、「3人ローテーションで、子ども部屋の一角を使う」という方法を生み出しました。

「ここは勉強の場所、ここは遊び場所、ここはピアノ練習をする場所」と決めて、一定の時間になったら動いて次の場所に移動する。それで3人は、むしろ工夫した時間の使い方を覚え、計画的に学習を進める習慣ができ、遊ぶ時間の確保ができるようになったそうです。これも、よくある話ですが「静かじゃなければ勉強ができない」という子どもの言い分は、あまり的を射ているとは言えません。静かなら静かで刺激がなさすぎて集中できないものです。

さて、一番上のお兄ちゃんは、小学校を卒業するまでその生活を送り、中学生になると基本的に塾と自習室で勉強をするようになりましたが、3年間一度も学年1位を譲ることなく、公立の進学校に余裕を持って進んでいきました。その彼の夢は当時と変わらずピアニストだそうです。環境云々ではなく、好きなことに没頭し続けた中で培われた集中力の高さが大きな武器になっています。そして、その背景にあるのは「まぁ、なんとかなるさ」と楽観的に構えられていたご両親のおおらかさだったような気がします。「うちは、子どもに個室を準備してあげられるほど、余裕がないのです……」と悩まれている方。大事なのは、個室があるかどうかではなく、今ある空間を有効に活用してみようというアイデアです。子どもが成長するにつれて、必要となる空間は変わってきますから、その時々に応じて、変化させていこう、という柔軟な思考が大事になってきます。

もしくは、扉がある一部屋でなくてもゆるやかに区切ることで場をつくってあげるということも大切です。厳密に言えば、「個室そのものが欲しい」というよりも、「自分の空間が欲しい」という子が大多数だと思います。たとえば、1部屋を姉妹で使ってもらわないといけない場合、間仕切りになる棚を入れるなど、その程度のことでも随分印象は違うでしょう。それから、いずれ子どもが自立したら子どもの部屋は必要なくなります。よく聞くのは最終的に物置になってしまっているという話です。実は私の実家も完全にそうなっています。子どものために独立した部屋を設けるというより、長期的にどういう使い方ができるのかを計画してみるのも大切かと思います。

「子ども部屋」の位置を考える

☑ 生活スタイルや環境を改めて考える

☑ 親と子の接点がきちんとある状態に

「少し先の、大きくなる子ども」をイメージして、間取りを考えるという方はとても多いです。今、未就園児であれば、幼稚園・保育園に通い出したときのこと。今、未就学児であれば、小学校に通い出したときのこと。子ども部屋はどこにおくのがいいのでしょうか。

まず、方向性として、「玄関から子ども部屋まで直行できない」間取りにするのは、おすすめです。何でもかんでもその日にあったことを親に報告したがるのは低学年ぐらいまでです。小学校高学年以降、思春期に入ると、特に男の子は口数が減っていくというのは自然なことです。それ自体は極めて健全なのですが、全く表情も様子もわからないというのは、お母さんは心配を募らせるでしょう。「玄関から子ども部屋まで直行できる」間取りの場合は、子どもが帰宅してそのまま部屋に直行していくことが日常的になってしまう可能性もないとは言えないでしょう。つまり、いつ帰ってきたのかもわかりません。食事をとりにのっそりダイニングに現れてお母さんが驚くなんてことも起こります。

共働きが増えた現代、子どもが帰ってくる時間に親が家にいる、とは言えない場合も多いとは思いますが、それでも、絶対に子どもが通る場所と、リビングや、キッチンなど、できる範囲で大人の生活空間との接地面をつくっておくことが、家族を孤立させない仕組みであるともいえるでしょう。何より、話はしなくても「顔を見るだけでも安心」するのが親心ですし、「どんなに煙たくても、まったく触れ合わなくなるのは寂しい」というのが、思春期の微妙な子ども心です。

住宅メーカーさんによると、「子ども部屋は、南側がいいですよね?」という質問をよく受けるそうなのですが、必ずしも南側に設置する必要はないそうです。南の方が日当たりがよく、パワーがもらえる。明るい子が育つ、といった説もあり、また、確かに北側の部屋はじめっとしてしまうことが多いそうなのですが、「昼間、誰が一番家にいることが多いか?」ということを考えると、専業主婦家庭であればこれはお母さんです。共働き家庭の休日の昼間をイメージすると、「家族全員」になるでしょうか。普段、日中に家にいる人が、あたたかい南の部屋を使う方が、家が効果的に活用されている状態です。それを考えて、無理に子ども部屋を南向きに配置しなくてもいいというアドバイスをされるそうです。

「少し先の、大きくなる子ども」をイメージした子ども部屋と先ほどお伝えしましたが、先の先をイメージすると……前項でも少し触れましたが、子どもは「いずれ自立して家を出ていく存在」であるといえます。そうなったときに、使われなくなった部屋が二部屋、三部屋できてしまうのであれば、最初から「子ども部屋」をつくらない変動性の高い間取りというのも可能です。親の家を、子どもに一時貸ししている、というイメージを持つと、また希望の間取りが変わってくるのではないでしょうか。

また、「これから家を建てる方には、長期耐用の視点で計画すること」をおすすめするというふうにもおっしゃっていました。

寝室などプライベートな空間を設けることが多い二階の間取りにおいて、最初から細かく個室に分かれているプランにしがちですが、大きく部屋を割り、必要に応じて後から仕切ることができる可変性のある間取りが長期的に見ると無駄のない使い方になるそうです。部屋数の確保ではなく、「一つの大きな空間をどれだけ多様に使えるか」という考え方ですね。

子どもたちが小さい時は、大きな部屋割りでのびのびと遊び、大きくなってきたら個室に分けるなど、自由に変えることができます。そして、子どもたちが自立した後は、親の生活スタイルに合わせて、また大きく使ってもよし、個別に使ってもよし。ゆくゆくはお孫さんの遊ぶ空間として、また大きい空間が必要になることもあるかもしれませんね。

マンションの購入を考えている場合は、間取りは決まっているものが多いです。ただ、その場合でも、リビングやダイニングの一角を学習コーナーにするなど、コーナーを上手に使い分けることで、空間の変動性を高くすることもできます。

また、リビングに隣接するひと部屋を子ども部屋や共用の学習部屋にするように、空間を自由に使い分け、その時々によって部屋の使い方を変更していくのも上手に住みこなすポイントです。

賃貸住宅の場合は、間取りを自分で決めることはできないにせよ、なるべく大きな部屋のある物件を選ぶことをおすすめします。両面使いの本棚などの間仕切り家具で空間を分けて活用するなど、工夫次第で間取りを柔軟に変えられることが家族のライフスタイルに合わせて変化する住みやすい家へとつながることでしょう。

「お父さん席」をつくってみる

☑ 特別な席に効能がある

☑ 父を敬う気持ちにも

「お父さんが仕事で忙しくてなかなか子どもと触れ合う機会がない」と悩まれている方は多いです。休日のコミュニケーションは買い物やお出かけになりがちで、家の中にいても子どもと何をしていいかわからず、なんとなくぎこちない空間になってしまう……。このような話もお聞きします。

ここでは住まいの中の「お父さんの居場所」というものを、考えてみましょう。

現在は家の中にお父さんの個室があるという話はあまり聞きません。子どもが家を離れたあと、子ども部屋だったところを念願の「お父さんの1人部屋」にするというお父さんは、結構多いようです。これは非常に共感できます。

リビングでのお父さんの居所はというと、これは余程意識的にプロデュースを続けていかないと、気がつけば子どもの物ばかりで占領されてしまい、お父さんはリビングではくつろげなくなっていて、もはや「どこに腰掛けていいかわからない」という状況にもなりがちです。

仕事でお付き合いがあった某大手家電メーカーの支店長さんの言葉が蘇ります。

「先生。現代社会の平均的な家庭で起こる家族カプセルの中の存在感のない小さなお父さんの話ですが、この話をした時のお父さんたちの頷きも共感もすごい。でも、お父さんだって正直に言わせてもらえれば家の中で『ここはお父さんの場所』っていう定位置がほしい！　この椅子とこの位置はお父さんの場所！　私の家にはお父さんの場所というものがない！　というところがほしいんだよ」と切実に語られていました。これは、なかなか奥さんには言えませんがお父さんたちの率直な意見だと思うのです。家族の大黒柱としての威厳と自身の誇りのためにも、『ここは自分の場所』という場所があるだけで男って頑張れるものだよなと思うのです。

面白かったのは一緒にいらっしゃった社員さんは、あまりピンと来ておらず、「リビングやキッチンはお母さんが決められる傾向がありますね。だけど、お風呂は商品の決定権がお父さんにあるケースが多いですよ！」と補足していました。その話を遮るように支店長さんの涙を誘う一言。

「俺が求めるお父さんの居場所は風呂じゃないんだよ！」

とてもよくわかります。

さて、この話をまさに育児真っ最中の弊社の母社員に笑い話として伝えたところ、思いのほか強い共感がありました。

「家の中のお父さんの居場所論、感覚的なものですが、すごくわかる気がします。子どもが生まれて、母親が家にいる時間が増えると、キッチン、お風呂、その他いろいろな場所を子どもに合わせて変えていくうちに、『母と子どもにとってベストな配置』になっていき、父親スペースが狭くなっていくように思います。結果『何かしたいと思っても、自分の領域がないため、家の仕事に手も出さなくなる父親（＝母親のイライラ）』となる……という悪循環があるように思います。父親が座る場所とくつろぐ場所の固定と、『TVまわり』や『パソコン・プリンター関係』など母親と子どもは絶対に手を出さないで父親に管理を任せるスペースをリビング（みんなが見える場所＝「お父さんってすごい！」となる）に一ヶ所はつくるなどが効果的かなぁなどと感じたので実践してみます！」とのことでした。

お母さんには全く悪意はありません。

効率を重視していくうちに、気づかぬうちにお父さんの場所を侵食していってしまうものだと思います。もちろん、お父さんも仕方ないと思っています。私も夜遅く帰宅し、そろりとリビングに入り、おそらくここが今のところ私の場所だろうと思われるソファに腰をかけようとした時に、きれいにたたまれた洗濯物が置いてあると、これはどかしてもいいものかと逡巡します。しかし、育児に仕事に頑張ってくれている妻の姿を考えると、このあとの段取りもあるだろうなとやっぱりそのままにしておくという判断を重ねています。おそらく、小さな子がいて夫婦で互いを尊重しあっている間は何も問題は起こらない気がします。しかし、子どもが成長していく中で、お父さんの居場所がないのは当たり前のようになってしまうと、傷つくこともあるんだろうなと推察します。たとえばリビングの中でも「この席はお父さんの席だから座ってはいけない」というプロデュースは非常にいいですね。お父さん自身のプライドが保たれますし、子どもたちも、お父さんに対する畏敬の気持ちが育まれます。お父さんの厳格な厳しさや、家族の判断をしなければいけない局面が訪れた時に父親像がしっかりしていると家族みんなに安心感が波及するでしょう。

（そんなに広いリビングではないし、空間を有効活用したい。普段いないのに、専用スペースはもったいない……）というお母さんの心の声も聞こえてきそうですが、普段なかなか家にはいられなくても、お父さんの居場所を子どもたちに示し続けることで、お父さんにとっても子どもたちにとっても、必ずよい効果が生まれるはずです。無理なことはしなくていいと思いますが、できる範囲で実践していけるといいですね。

子どもの絵や写真を飾る

☑ 子どもたちの目にふれるところに

☑ 言葉ではない愛の表現

リビングを「家族のコミュニケーションの場」と位置づけた時に、子どもの写真や、制作物（絵や工作など）を飾るという方法もあると思います。量が豊富である必要はないと思いますが、写真を掲示することや、子どもが描いた絵を掲示することで、子どもたちに、目には見えない「愛しているよ」というメッセージを送ることができますので、ぜひ考えてみてください。「わー、〜〜をつくれたんだね！」から会話が広がると思います。

また「リビング」という、家族以外の人も来る可能性があるところに、そういったものがあることも、実は効果的です。子どもたちは、親に直接ほめられるのはもちろん嬉しいのですが、**間接的にほめられるのも、それはそれで大変嬉しいものです。**

お客様が来た時に、「この絵、すごくすてきだね」などとほめられたら、子どもの前で、「そんなことないですよー」や、「図工は得意なのよ。算数は苦手なんだけど」など、謙遜はしないでください。その言葉で「あー、僕算数苦手なんだ……」と刷り込まれてしまいます。

「私もそう思うのよ、だから飾っている」ということをお客様に伝えることが、子どもたちの自信につながります。

ただし、何でもかんでも闇雲に掲示をしていたら、特別感がなくなってしまいます。ある程度掲示できる場所を限定して、家族で相談して掲示物を更新したり、子どもが気に入っているものを決めさせて掲示したりすることがよいでしょう。また、大人目線で掲示をするのではなくて、大人にとっては少し下、子どもにとっては若干見上げる程度のところに掲示板を設置するのがおすすめです。

ママ

すぐ調べものができるようにする

☑ 疑問に思ったら、その時に

☑ 親子のコミュニケーションに

これを意識するのとしないのとでは、子どもたちの学習観が大きく異なってきます。好奇心が旺盛になる時期のリビングのポイントだとお考えください。

リビングが機能していて、家族みんなが一緒に過ごしていると、会話が生まれます。その会話の中で、「あれ？　これどういう意味？」「これってどういうこと？」と子どもの中に疑問が生まれた時がチャンスです。そこで、「自分の部屋に戻って辞書で調べてみたら～」「じゃあ、あとでね」となるのか、それとも、**「今ここで調べてみようか」と、ぱっと辞書を引けるかどうか**。花まる学習会の高学年授業では、「正しい学習法を身につける」ことに重きを置いているのですが、その中で、「分からないことをそのままにしない」ということをとても大切にしています。分からないことこそが宝物で、そこにきちんと向き合う習慣をつけておくことは、学習面はもちろん、自立してからの社会人生活の中でも、必ず役立ってきます。

また、辞書だけでなく、世界地図を見られるところに貼り付けたり、地球儀などをいつでも取り出せる場所に置いておいたりするのもいいでしょう。パソコンやタブレットなどを使っての調べものも、リビングであれば、「親と一緒に」進めることができるのがメリットです。

花まる学習会が監修している書籍の中でも『マンガでわかる！　10才までに覚えたい言葉1000』（永岡書店）や『?に答える！　人物事典』『?に答える！　生き物事典』（学研プラス）は子どもにも大変人気ですので、リビングに置かれることをおすすめします。

PART 2

あと伸びする子が育つ家での学習

宿題は当たり前にやるもの

☑ 勉強する＝オンになる

☑ 子どもの生活をもう一度俯瞰して

家はオフモードでいられる場所に、ということを冒頭でお伝えしましたが、帰宅後にも「やるべきこと」として宿題や課題が課されるということ自体は子どもたちの世界でも当然のこととしてあります。

これは単に、やるべきことはやらなければいけないという話です。大人になってからも、仕事でやるべきことを期日までにやって提出するということの積み重ねで信頼をつくっていくわけですから、当たり前に約束としてやるものなんだという意識を持たせることが大事ですし、そこを妥協する必要は全くありません。

ただ、問題はよかれと思って、わんこそばのように次から次へと課題を出してしまうことです。

今の子どもたちは習い事も多く、そのことの良し悪しは別として、私たち親世代が子どもの頃よりも確実に忙しい毎日を送っています。ある学年になると、学校の宿題と塾の宿題を両方やったら寝るのが22時、23時という生活になっていきます。帰宅した後もオンでい続けなければいけないという状況の中で、家には心と体を休ませるいう役割があるということも忘れてはいけませんよね。

リビング学習がいい理由

☑ 音や存在感という軽い刺激

☑ 親は学習を監視しないこと

昨今、リビングで学習をした方が学習効率もよくなり、勉強ができるようになるという考え方を聞いたことがある方も多いと思います。親子で上手にリビング学習を活用すれば、異論はなくその効果はいろいろとあると思います。

あくまでも私見ですが、リビング学習においてもっとも大事なことは、**親が「監視する」という空間にならないこと**だと考えています。勉強を無理やりやらされていると感じると、途端にやる気をなくしてしまう子が多いものです。ですから、子どもにベッタリ張りついて「こうだよ！」と教えるというのが実はあまりよくありません。そうではなくて、「お母さんがいる雰囲気」というくらいの距離感がいいのです。子どもは勉強していて、ほのかに夕ご飯の匂いが漂ってくる、野菜を切っているトントンというリズミカルな音が聞こえる……、そういう軽い生活音が聞こえてくるということで安心感を覚え、集中力が高まるのです。また、平日にリビングで学習をする時間は夕飯前ということが多いでしょう。後ろが決まっているということも、集中して課題を終わらせるという側面において、自室でやるよりはかどります。わからない問題にあたった時に、解き方をすぐに教われるということもありますね。一つだけ気をつけておきたいのは、時に子どもの言う「わからない」は考えもせずにさっさと終わらせたいがための「答えが知りたい」というものだったりします。わかるように何度も例えを出しながら説明をしても、自ら考えようとしなければ、全く効果が見込めません。無理に教えて不穏な空気になるくらいならば「学校（あるいは学習塾でもいいです）で先生に聞きなさい」と突き放して構いません。渋々かもしれませんが、意外と自分で考え始めてしっかりと解答できることも多いはずです。

現実的には家事の忙しい時間ではありますが、もし少し余裕があるのならば、親御さんも一緒に机に向き合い別の作業をする（家の書類の処理でも、家計簿をつける、でも何でも）のもよいでしょう。図書館で、隣同士の机で、別々に勉強をするイメージです。時間を決めて、終わったらお互いに、「お疲れさま」と言い合うぐらいがいいですね。

自室だとなぜ勉強がいまいちはかどらないかというと、完全に無音だからです。全くの無音や人の気配を感じない状況だと意外と集中できない人は大人でも多いのではないでしょうか。

もう少し刺激が欲しいなと思って音楽をかける子もいますし、やはり一人という環境は余程意思が強くないと、ちょっとだけマンガを読んでから始めようということが

起こったり、今じゃなくてもいい机の整理を始めたりなんてことをしてしまいます。自ら刺激を生み出しているんですよね。静かだからいい、一人だから集中できるというこ とでもありません。

例えば、本当に好きなことに取り組んでいる時は、仮に近くで工事の音が激しく聞こえていても、気にならないものです。もちろん、必ずしもリビングでということではありませんが、どういう環境だと子どもが一番集中しやすいのか、というのは観察しておくとよいのではないでしょうか。

さて、どこで学習するかも大事なのですが、意外と忘れられがちなのが**椅子や机の高さの問題**です。ダイニングテーブルをそのまま勉強机として流用しているため、勉強しにくい高さでずっとやっている子というのが結構います。確かに、子どもはどんどん成長しますので、その都度ジャストサイズの椅子を買うことは難しいと思うのですが、椅子を高さの調整ができるものを選ぶなどして、姿勢が崩れない状態にすることも大事です。

お風呂とトイレを活用する

☑ トイレは暗記ものに最適

☑ お風呂はコミュニケーションの場として

最近は「先取り学習」に注目が集まっていて、家じゅうに先取り学習するための掲示をしているご家庭も多いようです。

花まる学習会では、実は先取り学習はほとんど推奨していません。唯一おすすめしているのは、漢字くらいです。小学1年生から6年生までに習う常用漢字であれば、結局覚えないといけないので早めに覚えておいて損はないと思います。ですが、本当にそれくらいで、**「先取り学習しなければ」と焦る必要はまったくありません。**少なくとも9歳くらいまでは、日常生活の中に山ほど学びの芽はありますし、瑞々しい好奇心のままに観察し、好きなことに没頭した生活を送っている子の方が早いうちからドリル漬けになってパターン演習を繰り返している子より明らかにあとあと伸びてきます。

とはいえ、いざ小学校がスタートすると、学習する上で必要な知識の習得をしなければいけないという場面は必ず出てきます。そこで知識の習得場所としておすすめしたいのが、トイレとお風呂です。「いつまでに、●●を覚える必要がある」というものがあるのであれば、ギリギリになって一夜漬けで焦るのではなく、少し前から貼っておいて、トイレやお風呂に入るたびに自然と目にする機会をつくっておくといいでしょう。「覚えなきゃ、覚えなきゃ」というよりは、日常の中で自然と頭に入っていた、というほうがやはりストレスは少ないものです。

飲食店のトイレの中で、イベントの告知やそのお店の通信みたいなものをじっと読み込んでしまった経験はありませんか？　これと同じことで、個室・せまい空間・せまい視野という3つによって、覚えるということに対して高い集中力がもたらされるのだと思います。

また、暗記に限らず、お風呂場での日本地図の掲示などもいいと思います。これは、都道府県を覚えるということに限らず、「○○くんのおうちはここだね」「お父さんは今度お仕事でここに行くよ」「親戚の○○おじさんはここに住んでいるね」というふうに、親子のコミュニケーションの中で楽しめる素材になれるところが魅力です。

「宿題やりなさい」をあえて言わない

☑ 「やらされ感」が子どもはイヤ
☑ やらずに登校して叱られることも学び

「言わずにやってくれるならそれに越したことないですけど、言わないと絶対に宿題もやらないんですよ、先生！」という相談をよく受けます。毎日のことですから、お母さんも「また言わないといけない」と辟易《へきえき》することもあるでしょう。

宿題自体は文部科学省が定めた分量があるわけではなく、担任の先生による判断に委ねられます。宿題が少なくて、子どもたちからすればラッキーという場合もある一方、量が多く、漢字の止め・撥《は》ねの細部にまで指導が入るという場合もあります。どちらがいいとか悪いではなく、宿題の量は変動するという事実だけ心に留めておいてください。

また、「宿題やりなさい」は言わないほうがいいと思います。

毎日毎日お母さんから言われるこの言葉に、子どもたち自身ももちろん「イヤだなぁ」と感じているわけですし、また言われ慣れてしまって、その言葉が全く響かないという子も散見されます。それは、自発的に学ぶ、ということからはやはり遠い状況だと言えます。

解決策は2つあります。

取り入れやすい例としては、PART1でもご紹介しているホワイトボードやドラフトウォールを使って帰宅後の予定を書かせるということです。何時にお風呂に入る、何時に宿題をやる、何時に寝る。そういうことを帰宅後の習慣にします。そうすると、子どもたちは自分で決めていることなので、「やらされている感」がなくなりますし、実際に取り組み始めるかどうかは別として、時間が来れば自然と「あ、宿題やらなきゃ」という意識は生まれます。

低学年期でそれが難しそうなら、宿題をやるタイミングを親が決めて、そこは絶対動かない予定として習慣化させるのがよいでしょう。

今は、学童クラブなどにいるうちに宿題をすませる子も多いですが、これは習慣づけとしてすごくいいと思います。遊ぶことと勉強することが同時に起こる場所で、そこには集団のバイアスがかかってくるので、子どもにとっても負担なく自然と「今はやる時だ」と習慣化されたという話はよく聞きます。

二つめは、一度宿題をできていないまま登校させて、**叱られるという体験をさせること。**お母さんのほうから先生に「宿題できていないので、叱ってください」と言うのもいいと思います。これは実際に花まる学習会でもそうしていることで、あまりにもお母さんが「うちの子、宿題本当にしないんです」と困っていらっしゃるようなら、「やらずに持ってこさせてください」とお伝えしています。それで、たとえば一人で居残りというような体験をさせて「もう二度とこんな思いしたくない」と思わせることが必要なケースもあります。「一人だけ居残りで恥ずかしい」とか「自分もみんなと一緒に帰りたかった」など、本人が十分「意味のない時間を過ごしている」ということを味わうことが大事なのです。

これは一見荒療治のように見えるかもしれませんが、かなり効果的です。お母さんたちはやはり愛情から、学校で困らないようにしてあげたいから「宿題やりなさい」と言ってしまいます。ですが、本当にたくましく育てたいのであれば、「自分で解決してきなさい」と学校へ送り出すほうが結果的には、時間を逆算して宿題の予定を立てたりできるようにもなります。

子どもが友達と遊びたい場合

基本的には一つめで紹介したように、宿題をやる時間を決めて習慣にするということが一番いいのですが、例外として、子どもが帰宅後宿題をやる前に遊びに行ってしまうというお母さんの悩みもあります。本人は遊んだ後に宿題すると言うものの、遊び疲れて帰ってきたら、もうぐだぐだで結局やらないというケースです。ここでも「宿題の時間でしょ」と言いたくなる気持ちもわかるのですが、これは時と場合によりけりでいいのではないでしょうか。

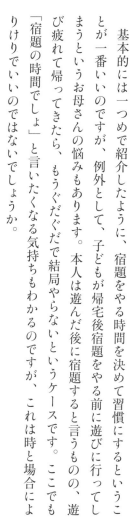

親世代が子どもの頃と違って、週4、5で習い事をしている子が決して珍しくはない現在、「友達と遊ぶ」というのは、日常の当たり前のことではなく、特別なイベントのようなものになっています。

子どもたち同士、それぞれ別の習い事をしていたりして、予定を合わせに合わせて、「この日に公園に集まろう！」とわざわざ集まったりしているのです。楽しみにしていたそういう時間を「宿題やってから！　行っちゃだめ！」と言われると、これは子どもにとってはつらいです。

親御さんからしたら、「友達と遊ぶなんていつでもできる」という感覚かもしれませんが、ライフスタイルの変化によって、それが「いつでもできる」ことではなくなっているのが現状です。自分の子ども時代の経験をそのまま投影していないか、ということに関しては俯瞰してみる必要があるかもしれません。

テストの結果を過度に気にしない

☑ わかるようになることに喜びを

☑ 本当に伸びる子は点数を気にしない

大変残念なことですが、成長していくにつれて、子どもたちは勉強が嫌いになっていくことが多いのが実情です。たとえば、年長のクラスの子どもたちに「この中で勉強が好きな人は？」と聞くと多くの子どもたちが手を挙げます。これが、3年生くらいになると手を挙げづらくなってきて、子どもたちから「勉強イヤだなぁ……」というムードが感じられます。小学4年生〜6年生にもなると決定的で、ある日、小学校に招かれて算数の講座を行いましたが「算数が好きな人？」と尋ねたところ、手を挙げたのは26人中なんと、たったの1人でした。

小学校に上がるまでは、好奇心のままに例えば「この虫なんていうんだろう？」とワクワクしながら自宅の図鑑を開くような能動的な学びができるものです。しかし、どうしても小学校に上がりテストが始まると、◯と×がつけられてしまいます。それゆえに、どうしても好奇心よりも学校で習うことの定着が先になってしまうものです。

そもそも、テストをする意味とは。一度考えてみましょう。

いわゆる今の到達段階を測る腕試しということが一つ大きな目的だということは疑いようがない事実だと思います。しかし、本当に腕試しだけが目的であるならば、そこまでテストが嫌われる要因にはならないはずです。

では、なぜテストという言葉を聞くと途端に表情を曇らせる子が多いのでしょうか。答えは簡単で「他者からの評価」というバイアスがかかるからです。先生から、親御さんから、進学したい学校から、あるいは身近な友達からということもあるでしょう。つまり腕試しという側面の傍ら、テストはその日に至るまでの過程を数値化し、平等に力量を見定める評価基準としても運用されるのもまた事実だということ。どんな美辞麗句を並べても実際のところは「力量を測るための手段」であり、それが成績に繋がるというドライな側面がありますし、むしろ後者の方が強いイメージとして浸透しているのではないかと思います。

成長と共に、本人の意向に関わらず、誰かの評価の中で生きていかなければならなくなる。勉強を「やらされている」と感じ始めると、急につらくなり、時間と共にどんどん勉強が嫌いになっていくというスパイラルが起こっている気がします。

学校からテストや通知表がなくなることは考えられませんので、学習への意欲を削がないようにするためには、どうしても親御さんの協力が必要不可欠となります。

まず、テストの点数の良し悪しに過剰に反応するのはやめてみましょう。

低学年ならなおさらです。通知表の結果で、その後の人生が決められたという話はたった一度も聞いたことがありません。だから、評価自体はそんなに気にしなくていいのです。テストの点数はその時点での結果であって、一番大事なのはその後にミスやそもそもわからなかった問題がわかるようになることに価値があります。

例えば80点という点数であっても「えー、なんでここ間違えたの？　読んでないよね」ですとか「ほら、また答えを書き忘れている」という部分に目が行きがちになるものです。さらにそこで、「じゃあ、ここやり直してごらん」と言われ「ほら、また違うでしょ！」と声を荒らげられたら、言われたら嫌々やるかもしれませんが、とても自発的な学習の習慣は身につきません。

理想を言えば、80点だったときに、間違いさえ親子で楽しめれば最強です。

事実、本当に伸びる子たちというのは、仮に70点を取ったとしたら丸がついている70点はどうでもよくて、「この30点、なんで間違っちゃったんだろう⁉」と、ミスの分析やわからなかった問題がわかるようになることに、わくわくしているような子たちです。

こういう子たちには、「自分がその問題に納得しているかどうか」という軸だけがあります。この「自分の頭で考えたい」という気持ちと、本当に心からわかった時の爽快感をよく知っているので、ごまかしをしませんし、何となくわかったふりもしません。納得できないと、「いやいやまだわかんない！」と突き詰めます。解法を教えようとしても「いや、先生ちょっとまだ言わないでください！」という感じです。

では、なぜ伸びる子たちはこのマインドでいられるのかというと、幼児期に①好奇心から生まれる違和感に対して素直に行動し、②よく観察する力を伸ばし、③夢中になる経験をたくさんし、④思う存分やりつくした満足感を知っているからと言えるでしょう。かつ、誤った学習観を持たせないように、あとから必ず伸びてくる（あるいはそんな期待も過度にしていない）だろうと楽観的に待ってくれている保護者のおおらかな眼差しがあるのです。

入学すると、子どもたちは否応なしに評価軸に入れられてしまうわけですから、親はその評価軸からできる限りその評価や点数に盲目になるのではなく俯瞰していた方がいいでしょう。3年生くらいまでは特に、子どもが家の中で夢中にやっていることに没頭させてあげる、やるべきことはそこだけと言っても過言ではありません。

得意、不得意に神経質にならない

☑ 科目で勉強を分断しない

☑ 実際の得意不得意より、言葉の影響

「得意科目」「不得意科目」という言い方をしたりしますが、花まる学習会では「得意不得意という言葉で自分の可能性をせばめない」という考え方を徹底して大事にしています。特に高学年にもなると、子どもたちは「苦手」「不得意」というのを使い勝手のいい言い訳にして、「やらない理由」にしている子が増えてきます。伸び悩む大きな要因の一つは自分で勝手にできない幻想を膨らませているということがあります。つまり、できないと「思い込む」心の壁の問題です。

教科という仕分けは確立されていますし、その科目、分野、単元ごとに学ぶということにおいては理に適っていると思います。しかし「算数と国語はまったくの別物」かというと決してそういう訳ではありません。

一例をあげると、子どもの中で非常に多く誤った認識をしていることは「算数は数字と計算の学問」だと思われていることです。そうではなくて、算数はその解を証明する学問です。考え方の道筋の正当性を示す学問だからこそ、証明にあたる「式」の部分の配点が高くなっているわけです。答えを証明するためには、論理的思考力が必要になり、破綻のない証明を記すには、当然、国語力（言葉の力）が必要になってきます。文章題で問われている内容を読み取るためにも、言葉を正しく理解する力が必要になります。

実際に、現在のテストでは科目横断型で出題をされるというケースが増えてきています。国語も算数も理科も社会も一連の問題の中に包括されているというようなことです。公立中高一貫校でも、全体が一つのストーリーになっていて、問題が出ることが増えているというのが印象としてあります。また、問われた解を出すだけではなくて、問題に書かれている情報を的確に整理した上で、自分の考えを書きなさいという明確な答えを求められているものではない問いも散見されるようになってきています。

だからこそ、科目を分断して、**これは得意、これは不得意と仕分けることは絶対にしない方がいい**わけです。

前述しましたが親側として一番やってはいけないことは子どもの苦手を決めつけること、仮に謙遜であっても子どもの耳に「苦手」や「不得意」という言葉を刷り込むことです。

「体育は苦手だもんね」

「算数、ちょっとダメだもんね」

悪意はなくてもこういった言葉が刷り込まれていくと「親もそう思ってくれている

から諦めてもいいだろう」という気持ちが大きくなってしまいます。

客観的に見たらまったくダメということはまずありません。テストでも解けている問題もきちんとあるのです。子ども自身、間違いが続いて「イヤだな……」という雰囲気ができあがりはじめているようなら、親御さんの役割はその「イヤだな……」には同調せず、「まだまだ新しく学べることがあるね！」や「その部分こそこれからの伸びしろ！」と常にポジティブに持っていくことが大切です。苦手という心の壁を作らせないように、はねのけ続けることをサポートしてあげてください。状況をネガティブにとらえて「苦手なんだから、このドリルもやりなさい」と声をかけるのとでは天と地ほどの差があります。

中学受験をもしするなら

☑ 受けるなら、早めに決めておくといい

☑ 受験をしても、家族の一員

昨今、小学校に入学したら一度は多くの親御さんが考えるテーマが「中学受験をするべきかどうか」ということではないでしょうか。受ける・受けないはそれぞれのご家庭の判断になると思いますが、現場にいる立場から中学受験がどういうものか、そしてそれを受ける場合の指針のようなものをお伝えできればと思います。

多くの場合4年生くらいから（3年生の2月からのスタートが多いですね）受験の対策を始めていくわけですが、5年生にもなると、低学年期の「宿題をやって、あとは遊んでいればいい」という感じとは明らかに様相が変わってきます。家の中でもやるべきこととして中学受験用の勉強が入ってくるので、家でも子どもがオンの時間帯が長くなっていきます。

塾にもよりますが、一般的に**5年生であれば授業が週3日あって、終わるのは21時くらいということは普通**です。それに加えて、そこそこの宿題が出るわけですから、本人にもかなりの頑張りが求められます。

生活リズムが大きく変わるタイミングは、中学受験勉強の本格的なスタートからということを心に留めておいていただけるといいかもしれません。もっとも、中学受験をしなくても、学習系の習い事に通う子は低学年時代よりも多いでしょう。それはそれで、やはり生活リズムに変化を生じさせます。いずれにせよ、子どもたちの生活リズムの変化は、どうしても家族全体に影響を及ぼしてきますので、そういう日がくるという心構えをしておくだけでも、いざスタートした時に多少心穏やかにいられるかと思います。

実際のところ、親御さんの負担も増えます。遅い時間まで塾にいれば、迎えに行く判断をされることもあるでしょうし、夜ごはんを塾で食べることもあるので、お弁当を用意する必要が出てくることもあります。日常的に起こる負担もあれば、いよいよ受験日が差し迫ってくると、普段以上に栄養バランスを考えた食事にしたり、風邪をひかないように家族みんなで体調管理に気を配ったり。生活の中心が受験生になっていきます。もちろん、その日を迎えるまでに家族みんなでサポートし、本人も長い間頑張ってきているのですから、ある期間、中心が受験生になることは全く問題ないと思います。

ただ、中学受験をするその子が家族の中で一番偉いのかというとそれは違います。家族は受験のためにさまざまなサポートをしているわけなので、子どもたちには感謝をするようにと口酸っぱく言っています。勉強を頑張っているから偉いだとか「ごはん」と言えば食事が出てくるだとか、送迎してくれることは当たり前だとか、身の回りのことを全部親にやってもらえるなんていう勘違いはいけません。受験をするにしても、家族の一員であることには変わりません。例えば、家族の中で決められている役割（お手伝いの分担等）は受験を理由に変える必要のないものだと私は思います。

また、家での学習量が増えることによるストレスや、第二次性徴期の真っ最中という子も多いので、家で下の子に対して苛立ちを爆発させてしまうということも起こりがちです。家の役割の話に戻りますが、できる限り学習塾の自習室等を有効に活用して、なるべく「**勉強は塾でやろうね**」というスタンスをおすすめします。やはり、勉強をする場所としての適度な緊張感がありますし、同じように頑張っている子を目にすることでモチベーションも保たれます。学校や塾の宿題もそこでできますし、何よりも質問ができます。

そして、自習室でしっかり勉強した後は、**家にいられる短い時間をしっかりオフに充てる**というイメージです。そうすることで、家族の負担が随分軽減されるでしょう。

3年生までは、リビング学習でいいと思うのですが、受験を念頭におく場合は4年生以降、勉強する場は塾にする、家には持ち込まないというのもひとつの対処法です。

6年生の夏期講習の頃になってくると、みんな考え方も随分大人になってきます。親が心配してあれこれ声をかけるよりも、本人自身の感触や課題設定の方が正しいということが往々にしてあります。そこからはサポートに徹し、冒頭の通り灯台としての家の役割を全うすることが一番の応援になると思います。

主体的な学びとは？

☑ 親の趣味も子どもの学びになりうる

☑ 日常のなかに学びはある

子どもたちのやる気を伸ばし続けてきた花まる学習会の歴史の中で「主体的に学んでね」ということを子どもに伝えたことはありません。

そもそも「主体的に子どもたちにさせよう」とか「グループワークが子どもたちのアクティビティを引き出す」という大人の考えでやらせようとする時点で、本来の主体性とはかけ離れていくという矛盾を感じてしまいます。

「やらされ感」によって子どもたちのやる気を削いでしまっているのならば、「やってみよう」と思える主体的な学びに舵をきるというものには当然価値があるはずです。学校や教育現場では試行錯誤が繰り返されると思いますが、ご家庭でも自らやってみようという主体的な学びを取り入れる方法があるのか、考えられる親御さんも多いかと思います。

あるお父さんと息子さんの例を一つ紹介しましょう。

お仕事を一緒にする縁があって知り合ったお父さんで1年生の息子さんがいらっしゃいます。ある日、嬉しそうに「先生、これ、息子と一緒に作ったんですよ」と言って見せてくれた動画に驚きました。

家族で旅行するにあたり、しばらく飼っている金魚に餌をあげることができない。ではどうすればいいかというテーマでお子さんと一緒に考えたことをきっかけに「自動金魚餌やり機」を作ってしまったという内容のものでした。息子さんが考えた、お父さん曰く「とても都合の良い装置」のアイデアをベースに0から必要な素材を用意して、お父さんが得意なプログラミングの技術を駆使し、定時になったら水槽に適量の餌がぽとりと落ちる仕掛けになっています。その装置を作る過程の中で、パソコンでプログラミングをしたものが、装置に指示を出すという仕組みに息子さんが感動したそうで、現在プログラミングにはまっているそうです。

一連の話を聞いて、これこそ正に主体的な学びと言うのだろうなと思いました。肝はいくつかあるのですが、何よりも「お父さん自身がこのプロセスを主体的に楽しんでいる姿を自然と見せていた」ことが一番お子さんの好奇心を高めた要因になっていたのではないかと思います。

プログラミングの例ですと「自分はできない」と思われてしまう方もいらっしゃるかもしれませんが、お父さんやお母さんの趣味や好きなことで全く構わないのです。

例えば野球好きのお父さんの例。私の部下の女性は根っからの阪神タイガースファンで、その知識たるやプロの解説者を凌《しの》ぐほどです。なぜ、そうなったかという話を聞くと、お父さんが熱心な阪神タイガースファンで、よく一緒に甲子園球場に野球を見に行っていたこと、何となくお父さんと選手の話をしていたら、気づいたら詳しくなっていたということでした。そのうち打率を覚えたり、打順を覚えたり、出身高校を調べたり、年俸に驚いたり。要はきっかけが野球というところから、学びの芽があちこちに派生していきさえすればいいのです。

子どもが大谷選手のことを好きならどうでしょうか？　大谷選手の動向を追っているだけで、様々な情報を仕入れ知りたいことが増えてくるはずです。


「エンゼルスってアメリカのどこにあるチームなんだろう？」

「カリフォルニアはどんなところなんだろう？」

「気候はどうなんだろう？」

「なんで日本の選手は西海岸の球団に入団することが多いんだろう？」

「標高が高いとボールはなんで飛ぶんだろう？」

「球速160㎞ってどういうふうに見えるんだろう?」

こんなふうに、その子にとっていくらでも調べたいこと、知りたいことは溢れ出てくることでしょう。

これまでは日常生活と勉強というものが分断されてきましたが、日常生活の延長にこそ学びがあります。これも、ひとつの学習です。「好き」がひとつあれば、そこが入り口になって「なぜ? どうして?」という興味関心の対象はどんどん広がっていきます。ひとつの「好き」から、数えきれないくらい多くのことを子どもは主体的に考えるチャンスを得られます。そこを大事にしていくということが子どもの意欲を伸ばすということにつながるのではないでしょうか。

一人っ子の忍耐力をどうつける？

お子さんが一人っ子、というご家庭は多いのではないでしょうか。

この数十年で、年々子どもが減っていて、核家族がどんどん増えています。加えて、今は子どもをわりと自由にさせる風潮がありますので、「忍耐力」や「我慢する力」に関して不安をお持ちの親御さんも多いかもしれません。

確かに、一人っ子なら家庭内の我慢は減ります。おやつを取り合う相手もいませんし、休日にどこに行くかというときも、ある程度思いのままに行けることが多いでしょう。これは、我慢が足りないということではなく我慢を経験する場があまりない、ということだと思います。

「我慢」「忍耐力」と言いましたが、結局どういうことかというと、「自分の思い通りにならないことに対して、自分の中でメンタルの折り合いをつけて調整できる力」ということです。

少しの我慢を経験する場としては、子ども同士の縦割りの社会が存在するところに早めに入れていくということだと思います。これは、たとえば習い事でもかまいません。

保育園に子どもを行かせる価値の一つもそこにあると思います。みんなが使いたいおもちゃがあって取り合いになる。親が介入せず子ども同士で折り合いをつける場面・経験をどんどんさせてあげましょう。2つおもちゃを持っていた子が1つをお友だちに貸してあげるときにも我慢がありますし、借りる方も1つで我慢してあげるという気持ちがあります。つまり、どういうケースでも100%満たされることはないというのが集団の中では当然ということです。そういう経験の量を豊富に積ませてあげることが親側としてできることではないでしょうか。

PART 3

あと伸びする子が育つ家庭習慣

平日も休日も生活リズムを崩さない

☑ 早寝早起きは人生を通しての強み

☑ 夜9時までに就寝できるといい

これは、学力を伸ばす云々の話以前に、子どもの人生全体を眺めたときにもぜひ定着させておきたい習慣です。

たとえば、新社会人になったけれど、体調を崩しがちであったり、疲労が溜まりやすくなかなか元気が出てこなかったりする人の様子を見ていると、およそ生活習慣の変化に伴い、身体が対応できていないことで起こっていることが多いことがわかります。具体的に言うと、朝早く起きるという習慣が身についていないことで苦労しているということです。

学生時代に夜遅くまで遊んでしまい、起床時間も基本的には遅く、余裕のない朝を過ごしている生活を長年続けていては、当然、毎朝6時、7時という決まった時間に起きるということを習慣にするにはある程度の我慢が必要になるでしょう。これはもう強い気持ちを持って身体を慣らしていくしかないのですが、例えば休日だからと少し遅くまで寝ていようとすると、やはり習慣が崩れ、翌朝がとても辛くなるという経験をされた方も多いのではないでしょうか。

一つ厳しい話をしますが、短い期間で転職を繰り返す人は共通して朝起きられないという人が多いのです。そして、その背景は夜遅くまで起きているという事実。以前、期待されて入社した若者がいたのですが、1ヶ月もすると月曜日の遅刻が目立ち始め、2ヶ月経つと体調不良で休むということが頻発し、半年で退職してしまったことがありました。退職の前になんとか改善のしようがないものか、一度腹を割って話をしようと食事に誘ったところ本当の理由を話してくれました。遅刻や体調不良の理由は朝起きられないというものだったのですが、夜何時に寝ているのかを聞いて驚きました。だいたい2時か3時だと言います。なぜそんなに遅くまで起きているのかを聞いてみると、家に帰ってリラックスするためにどうしてもオンラインゲームに手を伸ばしてしまう。夢中になってやっているうちにどんどん時間が遅くなるという話でした。それは、なんとか自制心をコントロールできないものか、色々と話し合いましたが、結局そういう生活習慣から抜け出せず、半年という短い期間での退職になってしまったのです。

では、何時に寝て何時に起きる習慣がいいの?という話ですが、一般的に小学3年生くらいまでは10時間は睡眠時間を取ることが望ましいと言われています。**夜9時には寝て、7時に起きる**イメージです。

朝余裕を持って起床をすることで朝ご飯をしっかり食べる時間が取れます。朝食を

とると頭がしっかり働くという話は割愛しますが、完全に覚醒した状態で午前中から元気に動きだせます。何歳になっても大事なことで、有限な人生を豊かに過ごすための大きなアドバンテージと言っても過言ではないでしょう。

夜に活動のエネルギーを高める子は、結局受験勉強をするという時期になっても、あまり効率が上がっているように見えません。夜に勉強をすると、後ろの制限が緩いので深夜に及ぶまでいつまでもダラダラしようと思えばできてしまいますし、その後、集中して課題に取り組めるかと言っても、現実的には先にダラダラしたら、そこから切り替えるのは至難の業です。「勉強をしているような気がしてしまう」というところに甘んじてしまうんですよね。

これは社会に出て仕事を始めても一緒です。私も若いころは「夜遅くに仕事をしている俺はかっこいい」とか今思えば訳のわからないところで「やっている気になっていた」時期がありました。その実、音楽をかけて仕事をしていたり、ちょっと進めたら仮眠をとってまた始めたり。だったらしっかり休んで朝早くやった方がよほどいいと気づいたのは、仕事の分量が増え、長さではなく効率を重視しなければ回らなくなったからです。感覚的には夜の2時間より朝の30分の方が仕事が進んでいます。とはいえ、やはり生活のリズムを変えて身体になじませるのは本当に大変でした。

　今の時代、防犯上、就寝する前には寝室やその他の部屋の雨戸を閉めるでしょうし、遮光カーテンを使って寝室が明るくならないように（寝室に自然光が入る窓がないということもあるかもしれませんが）されているご家庭も多くあることでしょう。ただ朝を迎えても自然光が入ってこないとなかなか目が覚めないものです。

　もし、お子さんの朝の目覚めが悪いということがありましたら、**起床時間に部屋を明るくしておく**ということをおすすめします。家の間取りや窓の位置を変えることは難しいですから、せめてベッドの向きを変える、カーテンの素材を遮光でないものにするなどして、朝になると自然と光が少しでも入ってくるという状況をつくってみてください。

テレビをリアルタイムで見せない

☑ 特別なものだけを録画で

☑ テレビ以外の楽しいものを見つける

テレビとどう付き合うか、ということに関してはさまざまな考え方があるかと思いますが、子どもに関しては出来る限り画面の前にいる時間は短い方がいいです。どうしても見たい娯楽番組があるのならば「録画で」というスタイルが望ましいでしょう。テレビ番組の内容云々が子どもに悪影響を与えるということではなくて、「集中力の質」に悪影響を及ぼすのです。

「録画を観る」ということ自体にもそれなりに意味があります。

子どもたちは「時間の巻戻し」が嫌いですから、録画したものを観るという行為自体がリアルタイム視聴よりは若干気分が乗りにくいのです。

そして、一度観終ったものはすぐに消すことを徹底してください。一回分を観るのにさかのぼって観ることを避けるためです。

また、家の中に複数台テレビがあるという状況には気をつけてください。

実は私の実家もそうでリビングだけでなく両親の部屋や祖母の個室にもテレビがありました。何台もテレビがあると、子どもは、リビングではニュースをやっていてつまらないから、別の部屋でバラエティを観ようとなってしまいます。これではやはり我慢は育ちませんし、リビングでの貴重な親子のコミュニケーションの時間も少なくなってしまいます。そして、好きな番組を延々と観るということにもつながってしまいます。

ちなみに、子どもにこれだけ求めるのだから、親もテレビを自制しなければと思われる親御さんもいらっしゃいますが、親御さんのテレビ視聴はお子さんが寝静まった後など、直接的な影響がないのであれば特に制限する必要はないと思います。子どもになんと言われようと、「大人は大人、子どもは子ども」と毅然とした態度でいることも重要です。

家庭菜園をする

☑ 多くの学びが得られる

☑「気づき」ができる体験を

家庭でできる習慣として、家庭菜園を推奨しています。その理由は子どもたちにたくさんの体験をプレゼントできますし、ご家庭で取り組まれているお子さんの情緒面や学習面の伸びに今のところはずれがありません。

まず、何を育てるのかを考えて、タネから育てはじめ、芽が出た、茎が伸びてきたという過程には日々の微細な変化があります。これは1日1日では、変わったか変わらないかというくらい小さな変化ですので、子どもたちが植物のそばに座り込んで、じーっと「なんでだろう?」と考えるのにはもってこい。観察眼が養われます。また家族で収穫して食べる喜びは格別でしょう。

家庭菜園の良さは当時2年生の女の子に教えてもらったことです。花まる学習会では年に1回、授業時間を使って作文を書き綴る「作文コンテスト」という時間があります。2013年のコンテストで最優秀賞を取った作文を紹介いたします。

＊＊＊＊

『あまいけどかなしいトマトのあじ』

トマトをそだててかんさつするのが夏休みのしゅくだいでありました。まい日まい日水をあげて「まだかな、まだかな」とトマトができるのをまっていたらやっと一つぶ、みどりのトマトができました。でも、わたしのトマトはなぜか一つぶしかできないし、ぜんぜんそだちません。でも、やっと夏休みのおわりごろようやくトマトが赤くなってうれしくなって、トマトをとったらきゅうにかなしいきもちになりました。なぜかというとむかしわたしが3さいぐらいのころ、おばあちゃんがトマトをそだてていたからです。でもそのおばあちゃんは、わたしが入学するころびょうきでしんでしまいました。おばあちゃんは、ベランダでトマトをそだてていて、よくわたしにたべさせてくれたからです。だからトマトをとったときにきゅうにさみしくなったのです。トマトはいままでたべた中でいちばんおいしかったけど、あまくてかなしいトマトのあじになっていました。おばあちゃんはいまごろお空でなにをしているのかな。トマトいっしょにたべたかったな。（S・Hさん）

＊＊＊＊

この作文を書き上げたあと、お父さんとお母さんにこの筆力の源はどこにあるのかを聞いてみました。しかし、作文自体を練習したことなどなかったそうで、ご両親が一番驚かれていました。ご家族で何か共通の趣味を持たれているか尋ねたところ、作文に登場しているおばあちゃんもそうですが、お父さんもお母さんも家庭菜園が好き

なのだそうで、特に娘さんのことを考えていた訳ではないけれども、続けていたということです。軒先で無理のない範囲で育てられるものを育てていたけれども、こんなによく見ていて、心の中でそんな風に思っていたのだということに大変驚かれていましたが、まさに親の背中を見て子が育つ典型的な好例だと思います。

植物が育つというわずかな変化を毎日見続けることで、亡くなったおばあちゃんとの思い出にまで思いを馳せられる感性が磨かれていったのではないかと思います。窓からでもいいですし、玄関を出たところでもいいですし、子どもたちが、ふと、自然に目をとめるような時間があるといいですね。道端にある木に実がなったことを見つけるのも、子どもたちにはかないません。本当に子どもたちが見ている世界は大人が見落としてしまっているものばかりです。そういう子どもの目線に少しだけ立ち返り、それが、家族でのコミュニケーションのきっかけになれば、とても嬉しいなと思います。

キャンプでの「気づき」

また、都会の家庭であれば時折家族でキャンプに出かけることにもたくさんの効用があります。お母さんの中には「こんなに都会で育って大丈夫か」「自然の中で育てたほうがいいんでしょうか」という不安をお持ちの方も多いです。ですが、地方の方は地方の方で「もっと便利な都会がいい」と思っている側面もあります。ですから、自然がいい、都会がダメという話ではなく、どこであったとしても都会であれば自然、地方であれば都市という逆のベクトルに触れることで、**自分の環境が相対化されるという経験**はよいと思います。

宮古島に子どもたちを連れて行った時に、本当に心の底から子どもたちは「こんなに空気がおいしいって、あるんだ！」と感動していました。これは普段都会に住んでいるからこそ、澄んだ空気がわかるということです。ですが、地元の人たちにとってはそれが日常ですから、そういう感動はありません。ですから、こういう「気づき」が得られる体験を、日常の中で負担のない範囲でやるのはとてもいいと思います。

「いい住まい」というと、家の中にばかり目がいきがちですが、外とのかかわりも意識してみてください。「あと伸びする子はどのような子かな」と考えた時に、変化に対する感覚に敏感という点があげられます。それは、住まい、空間面からも育てられる感覚です。

お手伝いをしっかり任せる

☑ 子どもだけでなく、お母さんのためにも

☑ ひとつのお手伝いを1年は任せる

花まる学習会では、その年齢に合わせてですが、「お手伝い」は、「少しぐらい熱が出ても絶対にあなたがやらなくてはいけない仕事だ」と子どもたちに伝えて、続けさせてあげてください、と、保護者の方々にお話ししています。「あなたがお風呂を洗わなくては、今日は家族全員がお風呂に入れない」ぐらいの責任を持たせることで、家族の一員としての意識が強まりますし、一つのことを続ける継続力にもつながりますし、よりよくするために考えて工夫する力も磨かれます。そして、「これを任せるよ！」と言われると、子どもは喜びますし、大変張り切るものです。

まだ自分で発する言葉が拙くよちよち歩きの2歳にならない子であっても、「扉を閉めてきてくれる？」「あのタオルを取ってきてくれる？」というのは普通にできます。そしてそういう小さなことでも、親からお礼を言われると本当に驚くほど喜びます。嬉しくて仕方がないのでしょう。

最初はいわゆる「お手伝い」とはいえないような些細なことでもいいのです。遊びの中から、「これはあなたのやることだよ」というのを印象づけていけばいいでしょう。それから、失敗には寛容であってほしいと思います。ちょっとしたミスを起こした時に笑顔で「大丈夫だよ、気をつけることがわかったね」と伝えるのか「ちょっと、何してるの！　もう！」という言葉をかけてしまうかで、チャレンジする気持ちが伸びやかにもなるし、萎縮したりもします。

低学年は、お風呂掃除がおすすめです。そして、子どもも忙しくなってきますが、高学年になっても、中学生になっても、自分の責任の範囲でのお手伝いを続けてほしいと思っています。

また、何か「お手伝い」をお願いするときは、最低でも1年同じことを続けるように意識してみてください。

このメリットは2つあります。

1つめは、同じことをずっと続けることで**責任感を育む**ということ。

2つめは、たとえば、お風呂掃除を例にとると、続けていることで「なんでここ汚れているんだろう？」ということに気づき「こうやったら汚れが落ちるかな？」と**工夫する力が身についてくる**ということがあげられます。これは、1つのことをずっとやっているからこそ無意識のうちに深く考えるという機会になっているのです。一方で1つのことに無心に打ち込む時間にもなるでしょう。掃除は本当に無になれます。

私もトイレと風呂掃除が担当ですが、ピカピカに仕上げると心の汚れも落ちている気

がするものです。
これが本当に大人側の都合で「その瞬間にやってほしいこと」でのお願いにばかりなると（もちろんそういう場面があってはいけないという意味ではありません）、「青いお皿取ってきてー」「取ってきたー」と単に刹那的な作業で終わってしまい、お手伝いで培われる様々な効用が期待できないので、やはり責任を与える意味でのお手伝いはこれという軸は持っておくといいでしょう。

お手伝いをしやすいスペースづくりについても、少しご紹介します。

◆食家事参加
キッチンとは別に、子どもの身長にあわせた作業台を用意してあげるとお手伝いしやすくなります。この作業台にいったん食器をのせてから配膳をしてもらうなど、お手伝いの拠点として活用できます。また、少し前の食卓のイメージではありますが、食卓のそばに炊飯器を置いておいて「ごはんのおかわりをつぐのは○○くん、○○さんの役目ね」などもいいですね。テーブルの場合は、子どもたちが食事関連のお手伝いをする上で、一番問題なのは「高さ」のように思います。時間が許せば、休日など、時々は座卓での食事にして子どもたちに配膳から片づけまで手伝ってもらうのも、特別感があって楽しくなるでしょう。

◆衣家事参加

洗濯物の取り込みやたたむといった作業は、幼児期の子どもたちとでも、遊びながら一緒に楽しむことができるお手伝い体験です。きれいにたたむ行為を通して、線対称について実感を伴いながら自然と学べます。また、洗濯ものを仕分けることも、規則性を見つけるという思考力が身につきます。リビングの一角を少し広く使い、子どもと横並びになって同じ方向を向きながらたたみ方を見せてあげるのが非常に効果的です。

「洗濯物はここでたたむ」など「いつもの場所」「いつものルール」を決めてしまうと、子どもたちはお手伝いがしやすくなるでしょう。

お手伝いでお母さんもラクになる

子どもにとっての「お手伝い」とは、というお話をしましたが、これはお母さんの心持ちにも大きく関わってくる話なので、もう少し詳しく書かせてください。

子どもの家事参加は、実は子どもが小さいうちは多く、大きくなるにつれ少なくなっていきます。ご自身の経験を振り返ってみても、小さい頃はよくお手伝いをしていたけれど、だんだんと自分の世界が広がるにつれて、家で家族と一緒に何かする時間が減ったな、勉強優先で、お手伝いはしなくてもよくなっていったな……と、思い当たる節もあるのではないでしょうか。

でも、この形を今、変えるときだと思います。

現在の日本のお母さんというのは本当に忙しく、家族の中でもっとも一日のタイムスケジュールを事前に考え、マルチタスクで日々動いていると言っても過言ではないと思います。だからこそ、子どものお迎えの帰りに、座り込まれるとか友達とまだ遊ぶと言って聞かないとかイレギュラーなことが起こるとイラッとしてしまいます。ギリギリで回しているからこそ、その計画が崩れるのがつらいわけです。

そのお母さんの大変さを家族みんなで理解して、お母さん一人にかかる負担が10のところを家族で分担し、せめて7～8くらいに軽減されるだけでも、お母さん自身がゆとりを持てるようになるのではないかと思いますし、そのゆとり分をニコニコ母さんでいられるための時間に充てられれば、結果として家族みんながよりよい時間を過ごせるのではないかと思います。何よりも相手を慮《おもんぱか》る気持ちから自発的に動けることが、お手伝いの本質だと思います。

無駄なものを家に置かない

☑ ものの多さは子どもの創造力を阻む

☑ お片づけのしやすさにもつながる

子どもが生まれて、途端に家の中のものが格段に増えたという話は、よく聞きます。赤ちゃん時代のお世話セットにはじまり、すぐにサイズアウトする衣服、食事関連のもの、プレゼントでいただいたおもちゃや本など……。日々、目のまえのことに追われて、なかなか整理できず、家の中がものであふれてしまうのは、とてもありがたくぜいたくな話ではあるのですが、なかなか切実な悩みといえるでしょう。

しかし、生活する上で必要なものが増えてしまうのは、子どもが成長していることと同義の喜びと思えれば、ある程度子育て中は仕方がないと割り切ってしまってもいいでしょう。悩みどころはサイズアウトした服でも残しておけば、二人目が誕生した時にまだまだ使えるという状態のものがとても多く、捨てるのも憚《はばか》られるというものですよね。これはもう収納スペースとの相談としか言えないかもしれません。

さて改めて子どもの成長にとって「いい家」とはどういう家でしょうか。私見ですが「無駄なものが少ない家」は心に留められてもよいかと思います。

では、無駄なもの、とはどんなものでしょうか。

ここでは、「刹那的な遊びにしか使えないもの。子どもたちがクリエイティブに使えないもの」のことを指します。たとえば、ファミリーレストランのレジ付近には、必ずといっていいほど、子どもたちにとって魅力的なスペースが設けられています。誰が考えたか知りませんが、見事に子ども心をくすぐるのです。会計が終わるまでの微妙な間で、もう本当に瞬間的に子どもの手が伸び、二言目には「これ、ほしい」と言っています。その場面をもう数えきれないほど見てきました。およそ家族で食事をしている時は「買いません」で済むことも多いのですが、おじいちゃん、おばあちゃんがいらっしゃると……。結構な割合で買っている光景を目にします。自分が子どもの頃は絶対に買ってくれなかったのに、孫になると、買うという判断がなんと早いことでしょう。なかなか会えない孫の泣き顔よりも嬉しそうな顔が見たい気持ちも痛いほどわかりますが、残念ながら宝物として輝くのは、手に入るまでの一瞬です。そこから、あっという間に冷めていきます。買ってもらったおもちゃは、その日だけ遊んで、次の日からはもらったことも忘れている。けれどおもちゃ箱にはずっと残っている……そんなことはありませんか。気がつけば徐々におもちゃ箱の容量を超えて溢れだし、溢れたものが置きっぱなしになっています。では、捨てようかと持ち掛けると、子どもは絶対にダメと言ったりします。また、新しくほしいものが見つかると、買ってくれている実績があるから、粘れば手に入るという方法を取るでしょう。根負けしてまた増えるということも、あながちない話ではありません。

一方で「まだこの子には早いけど、そのうち遊ぶかな」と親御さんの期待で買ってみた知育玩具も意外と思い通りにはいかないことが多そうです。いつか子どもが手に取るかなと思い、目立つところに置いてみたもののまったく見向きもせず、そのまま埃を被っているという話をつい先日聞きました。うちの失敗も記しておきましょう。部下の結婚式に列席した時の引き出物に、カタログギフトが入っていました。もう、盲目的に娘のために！と思っていたのでしょう。あろうことか妻に何の相談もせずに、絶対に今の月齢では使えない木製玩具を注文してしまったのです。注文をしたことを忘れたころに家に届き、開けてみるとカタログで見た玩具が……。妻のため息が聞こえましたが、怖くて顔は見られませんでした。そして、今箱に入ったままクローゼットの奥の方で出番を待ち続けています。

手に入れたはいいものの、刹那的に遊んで、あとは使わないもの。親の期待ばかりが先行して、意外と子どもたちが遊ばないもの。そういったもので溢れてしまうと、子どもたちの創造性は伸びていきません。むしろ、**限られたものを組み合わせて、どんどん新しい遊びを発見していくのが子どもの特性**ですし、そこにいろいろな学びの種があるのです。「こんな限られたもので、子どもはすぐ飽きちゃうんじゃないかな?」というのは、大人の杞憂で、先回りしすぎて子どもの芽をつぶしてしまっています。飽きたら飽きたで、また別のものを組み合わせて、遊びを発見できるような子ども本来の得意な部分を伸ばしてあげたい。そのためにも、「無駄なものは少ない」住まいを目指しましょう。

また「無駄ではないもの」とは、「子どもが能動的に関われるもの」であるといえます。受動的なもの、たとえばテレビがその代表ですが、こちらが何もしなくても情報がどんどん来てしまうので、子ども本来の躍動感ある遊び、頭をフル回転させた遊び方ができているとは言えません。＝テレビを見せてはいけない、という極論ではなく、よく言われることではありますが、受動的な遊びだけにならないように、そのバランスをとることが大切で、そのためにも、「子どもたちが積極的な遊びを〝しやすい〟空間作り」が鍵となります。

どれくらいが適量か、という質問もよく受けるのですが、要は「整理整頓がしっかりできるだけのもの」ですので、答えは一つではありません。年齢によっても、変わっていく部分ですが、「はさみがないー。どこー?」で見つからず新しいものを買ってくるということを、繰り返すようなことはいけません。子どもにとって、「いい住まい」とは、良質な遊びに集中できる空間があること。そのためにも、適量、整理整頓、無駄がない、空間です。

「取り出しやすさ」を大事に

絵本に関しては先に述べましたが、「ファミリーライブラリー」がおすすめです。表紙を前にして置き、定期的に家の中で更新していく仕組みを作ると、「あ、新しい本が入っているな」などという発見が、本に触れあう喜びにつながります。本を読む時間が取れなくても、家事の流れで表紙を目にして、「あ、これは、お母さんが昔好きだった本なんだよ」など、本の話題を出すだけでも、子どもは興味津々、本を手に取るきっかけにもなるでしょう。

絵本もおもちゃも、「取り出しやすい配置」という視点は大切です。

気づいたらどんどん増えていくおもちゃが、おもちゃ箱の中にぎゅうぎゅうに押し込まれている、ということはありませんか。「捨ててもいい？」と聞くと、「嫌だ」と言うので、なかなか捨てるタイミングもなく取ってある、という話はよく聞きますが、普段はあることを忘れているようなおもちゃは、タイミングを見て親御さんが取捨選択をされてもよいでしょう。それよりは、本当にお気に入りでよく取り出しているものを取り出しやすく置いておく方が、子どもの遊びの幅も広がっていきます。

収納のしつけをする

☑ 自然とできるものではない

☑ 幼少期は、リビングに子ども収納を

学校や学習に関わる持ちものの管理は、基本的には、子ども一人ひとりが自分で管理するのが理想です。たくさんの子どもたちを見ていると、「自分のものの準備は自分でする」ことが身についている子は、総じて学習に向き合う姿勢も安定していることが分かります。ただ、大人にとって「当たり前」のこのことが、子どもたちにとってはハードルが高いものであるということもお伝えしておきます。

花まる学習会の野外体験は、夏はサマースクール、冬は雪国スクールを実施しているのですが、そこで低学年時代から「自分の荷物の管理」をしっかりとできる子というのは一握りで、大抵は「水着がない～」「リーダー、ゴーグルはどこに入っているの?」「お風呂セットがどれか分からない!」の連発です。小学校の高学年にもなると段々と落ち着いてきますが、それでも何かを探すのに、リュックの中身を全部ひっくり返して見つけ出す、という方法を毎回繰り返している子もいます。

親としては「当たり前のこと」だから、自然に身につくような気もしてしまいますが、なかなかそうはいかず、ある程度は家での訓練が必要なスキルです。そしてそのために、「訓練がしやすい家の中の環境」を整えてあげることは、間取りの面からもできることであると考えています。自分で、自分のものを管理することができるようになるためには、どのような工夫があるでしょうか。

一番効果的なのは、「小さい頃からの、収納のしつけ」です。

まずは、一番身近な、おもちゃや絵本の管理から始めるといいでしょう。出したらしまうという習慣です。そしてしまう場所が決まっているということも、持ちものの管理をする上でも収納を意識づける上でも大切です。

子どもにとって必要な「もの」は3パターンあると考えています。

1．生活必需品

日常生活の中で使用頻度が高いもの。これは取り出す頻度も高いので、パッと出して、パッとしまえるところにあることが重要です。ポイントは、①使う場所（通る場所）に、しまう場所も用意すること。そして②しまい方が簡単で分かりやすいこと、です。

2．娯楽品

これは、遊ぶ場所に一つ箱があり、そこから出して遊び、遊び終わったらそこにしまう、この繰り返しです。子どもが自分で把握できる量のおもちゃと考えた時に「一箱」程度が妥当でしょう。あふれるぐらい多くの数のおもちゃで遊ぶよりも、限られた量のおもちゃで「どう」遊ぶかを考える方が楽しいですし、頭をグルグル働かせるようになります。

3. 本

これは、おもちゃとは別に考えておいた方がいいでしょう。繰り返しになりますが、子どもがくつろぐことが多い空間の近くに、「面収納」で置くのをおすすめしています。なぜ、面収納かというと、保護者面談の際に、「国語の成績が伸びている」「本が好き」な家庭に、本棚について意識していることはあるかと聞いたところ、「面収納にしている」「季節によって、その面に置く本を変えている」「本の表紙が目に入ったときに、親子の会話のネタにしている」などという声が非常に多かったからです。

また単純に、本棚に本を立ててしまうのは難しい（めんどくさい）年頃の子にとって、面の絵本の方がとりやすい、という子どもたち自身の声もありました。場所はとりますが、ぜひ、参考にしてみてください。

◆リビングにキッズスペースをつくる時

子どもが小さい時は、リビングの一角に、キッズスペースを設置するというご家庭も多いのではないかと思います。絶対条件はリビングの一角に必ず子どものもの専用の収納スペースがあるということです。しまう場所がなければ、置きっぱなしになります。置きっぱなしであることや目に入る乱雑さというのはお父さん、お母さんのストレスをためる原因になります。子どもが楽しく遊ぶには、親のニコニコ笑顔があってこそです。

また置きっぱなしが常態化してしまうと、「それでいいんだな」という意識が子どもの側にも根付いていき、なかなか「収納のしつけ」というところまで進めなくなりますから、「遊んだら片づける」までが1セットのキッズスペースがいいですね。

ただ、前述しましたがジョイントマット等でここは「あなたの場所よ」という限られた場所では、この後すぐに続きをする（例えば絵を描いている途中、工作の途中等）のであればという条件つきで置いておいてもいいというルールがあるといいですね。

ゲームとのかかわり方を慎重に

☑ 中毒になることが一番こわい

☑ そうならない事前のルールづくり

子どもたちは年齢を問わず、やはりゲームが好きな子が多いです（ここでいうゲームとは「やるべきことの優先順位を崩してでも、やり続けてしまいたくなる中毒性の強いもの」だとお考えください。良質なゲームもたくさんあります）。

今はあらゆるデバイスですぐゲームに触れることができる時代になっています。それこそ、スマートフォンのゲームアプリなどは山のようにあります。完全に子どもから離しきることが現実的には難しいものだからこそ、丁寧にルールを設定しておくことが大事なのではないでしょうか。

いまのゲームは、私たち親世代の頃のまだどこかグラフィックが粗くアナログ感の残るゲームとは全くの別物です。あまりに鮮烈な映像で、ゲームへの没入感とその刺激はすさまじいものがあります。そして、脳に与える影響は大人より子どものほうが遥かに甚大なものだと言われていますし、先般、ゲーム依存はいわゆるアルコール依存やギャンブル、薬物と同様に「ゲーム障害」として新たな疾病として分類されるというWHOの改定案が出されたことがニュースになりました。仮想現実（VR）のほうに傾倒しすぎて、現実世界のやるべきことが全くできなくなる……という話は身近な事例で、実際に起こっています。

これは、子育て世代の親御さんの多くも、ゲーム機に触れて育った世代ですから、それで、自分が大人になって別段困っていないし、多少ゲームをやらせても大丈夫だろうと考えると思います。しかしゲームの世界は日進月歩。若い親御さんの世代といえども、当時とは比べものにならないほど、現実世界との境目がわかりにくくなっているものが続々と登場しています。VRもいよいよ日常生活レベルに入ってきていますが、脳や目にかかってくる刺激のレベルも過去に人類が経験したことがないものだと考えてもいいと思います。適度に付き合える自制心がある、あるいは仮想のゲームより現実の世界に面白さを見出しているのならばそんなに心配しなくてもいいのですが、多くのゲームはやはり夢中になりたくなるように仕上がっています。くれぐれも気をつけてください。課金制のオンラインゲームも子どもたちにとっては、自制が利かなくなる要素がふんだんにあると言わざるを得ないでしょう。

もう既に買っている、これから買うかどうか迷っているなどいろんな状況の親御さんがいらっしゃると思いますので、対策としていくつか紹介できればと思います。

◆個人所有物にはさせない

子ども本人専用のゲーム機は与えないけれど、例えば友達の家で一緒にやる場合は、積極的とは言わないがよしとする。もう、外でまで制限をかけるのは難しいでしょう。ただ、手元にあるのと、手元にないのとでは依存度は大きく変わります。

よくあるゲームへのはまりかたの流れとしては「1日30分ね」とルールを決める→ルールを守らなくなる→親に注意されるとイラッとしてやめる→言われて宿題をやろうとするものの頭の中はゲームのことばかり→ゲームをやるために勉強をこなす→30分ではとても終わらなくなる→取り上げられる→切れるというようなサイクルです。

こういう状況に陥ってしまうと、家の中のどこかにゲーム機を隠すというのも正直あまり意味がありません。やりたいけど、やれない。しかし、家のどこかには隠されているはず。そんなことを考えながら毎日を過ごしていたら、精神衛生上よくありません。

家にはない。これで**子どもにとっては諦めのつき方が全然違います**。個人所有物にさせないというのは、歯止めのひとつとして効果的です。既にこういう状況で困っているような親御さんがいらっしゃるようなら、お子さんの将来のことを考えて家には置かないという方法を検討されてもいいかと思います。もし、相当依存度が高まっていたら暴れる可能性はあります。しかし、荒療治ではありますが本気で毒抜きをするならば、専門機関を使いアドバイスをもらいながら進めていかれるといいかと思います。家族の献身的な協力があって依存・中毒状態が改善された子もたくさん見てきています。

◆ゲームをやる時間を〝週末だけ〟とする

既にもうゲーム機を持たせている場合の対策としては、週末だけOKにするというものがあると思います。本質的な解決法ではありませんが、毎日やるよりはまだ依存度が高まらない方法ではあります。やはり、毎日やる習慣が一番よくありません。ルールとして30分としていたものが1時間2時間と増えていくと日常が無駄な時間だらけということになってしまいます。それであれば、**週末に3時間やってもいいから、その日だけにしよう**という縛り方です。もしくは、週末にコミュニケーションとして家族と一緒にやるという方法もあります。いまは、お父さんが好きというケースが多いので、親子のコミュニケーションとして一緒にやるということです。

ゲームに関しては中毒症状になるということが一番避けたいことですが、ゲーム機を持ったとしてもすべての子どもが中毒になるわけではありません。きちんと付き合い方が上手な子というのもいます。どういう子が上手なのかというと、前述した通り**ゲームよりもっと面白いことをたくさん知っている子**です。幼児期から与えられたもので遊ぶというよりも生み出すほうが面白いと知っている子、そういう子は強いです。面白いことが無数にあるので、ゲームは選択肢のひとつにすぎないのです。

多くの子どもたちにとって刺激の強く受動的なゲームが日常の一番の楽しみではなく、能動的に夢中になれるものが見つかることを願っています。

5年生という境界線

日々子どもたちと触れ合っていても、5年生というのは大きな境目だと感じています。つまり、5年生になる年の4月は大きな目安として大人として認める時期だということです。

これも、単に親の中だけで「変えよう」と思って、対大人の接し方をしていくということではなく、本人にそれを伝えるといいと思います。「5年生だから、○○ちゃんのことをお父さんとお母さんも大人として接していくよ」というような、ある種の宣言です。こういう宣言があったほうが、子どもたちはぐっときます。1／2成人式なども、そういう観点からとらえると意味があるのではないでしょうか。

この年齢になってくると、なにが変わるかというと哲学の芽が出てくるのです。ある意味では生活に必須ではない余計なことも考えられるようになり、もう一人の自分が自分を見るような形で内面と向き合うことができるようになってきます。3年生くらいまでは、男の子が仲の良いクラスメイトに対して「○○ちゃんのこと、好き！」と無邪気に表現していたのが、もう少し引いた目線で、好きってなんだろうというような感覚の入り口に入っていくのです。

現場でも、5年生に対して「大人はこれを伝えたいんだ」と熱を込めて話すことは、きちんとストレートに意味が伝わっている手ごたえがあります。話を聞いている表情も真剣そのものです。ですがこれが4年生だと、まだ微妙で伝わったのか伝わっていないのか……という感じが抜けません。

この年齢になって気をつけてほしいことは、とにかく子ども扱いをしないこと。特に人前で、というのは一番避けてほしいことです。たとえば、先生の前で、「うちの子、家では全然勉強しないんです」などと言うのはやめましょう。実際にこう言われている子どもは普段、塾ではおだやかな表情を見せているのに信じられないくらい険しい表情でお母さんを見ていたりします。逆に言うと、先生の前では子ども本人の話をしない、ということを徹底するだけで関係はだいぶラクになるはずです。

PART 4

あと伸びする子が育つ自由時間

夏休みをどう過ごすか?

- ☑ 無闇に課題を増やさない
- ☑ 1週間は何もない休日を

夏休みが近くなると、子どもたちはもちろん一様に嬉しそうですが、お母さんたちはピリピリし始めます。専業主婦のお母さんにとっては、朝から家の中でダラダラされたり、頻繁にきょうだいげんかが起こり、学校に行ってくれていれば聞くことがない泣き声を耳にしたり、暑さも相まって、いつもより苛立ちが高まるでしょう。

家の中でダラダラ過ごされることを少しでも回避するために、1学期の後半の面談では「先生、夏休みにやらせるいいドリルはありませんか？」という相談を多くいただきます。完全に子どもの行動パターンを先回りして読み切り、スタートでしっかりと主導権を取ろうとされているのだと思います。それはそれで大事です。夏休みの入り口で日常の習慣が崩れたら、ずっと崩れっぱなしになります。基本的には学校に行っている時と同じ時間に起床し、朝のルーティンは崩さず、午前中くらいは夏休みの宿題や復習のドリルに充てるのももちろんありだと思います。ただ、習慣が大事で、課題が終わっているのに親御さんの感情的な部分で楽しく遊んでいる最中、あるいはリラックスしている時に突然課題を増やしたりするのはＮＧです。メリハリが大事ですね。

一方、お仕事をされているお母さんにとっては、お弁当を作らなければいけないとか、学童のない時にキャンプや民間で預かってくれるサービスの予約を入れるといった手配が多くなってくるようです。しかし、全てが理想通りになることもなかなか難しく、どうしても一方的で押しつけになりがちな子どもの夏休みのスケジュールに申し訳なさを覚えているということを吐露されるお母さんもたくさんいらっしゃいます。

私たちの世代の子どもの頃の夏休みはどう過ごしていたでしょうか。毎日時間があり余っていて（と思っていながら宿題は8月末でしたが）暇で暇で……「あー！」と叫びたいような気持ちのまま自転車を漕ぎだしたその先で、同じように暇だった友達と偶然出会い、一緒に日が暮れるまで遊んだ……というような記憶が、いい思い出として今も心の中に残っています。これは自分以外の友達も恐らくそうで、夏祭りに行ったり、いつものエリアから少し離れた場所を冒険したり、午前中遊んで、お昼ご飯を食べて、また1時に集合……ということをやっていました。そんなふうに、あまりにも何もなさすぎるから、とりあえず飛び出してみようという経験も夏休みにさせてあげたいと思うのですが……。

実際のところ、その過ごし方が今の時代ではとても難しく現実的ではないということも、事実です。そもそも、昔に比べて子どもたちの遊べる場所というのが格段に少なくなりました。一時代前は公園でサッカーや野球を特に制限なくできる場所もありましたが、今ではボール遊びは原則禁止というところも本当に多くなりました。学校中の友達を放課後に集めて野球をした地元の公園も今ではボール遊び禁止です。そこで遊んでいる小学生の姿は全くと言っていいほど見かけなくなりました。また、子どもたちだけで用水路でザリガニ釣りをしたり、近くの小川で遊んだりするような、水が関わる遊びをさせることも、経験豊富であったとしても、大人の目がないところでやらせることは難しいでしょう。逆に言えば安全をしっかりと確保し、自然を相手にした時の極めて冷静な判断を下せる大人が近くにいるのであれば、**川遊びは本当に子どもたちに様々な学びを提供してくれる良質な遊び**ですので、おおいに推奨します。

できれば低学年で比較的時間に余裕があるうちは、夏休み中の1週間程度、何も予定を入れず自由に過ごし、自分の素直な内面に思いをはせる時間というのがあってもいいのではないでしょうか。早く学校に行って友達に会いたいという気持ち。そういう気持ちを味わえる貴重な機会だと思います。

週末をどう過ごすか？

☑ 静的な休日がもたらす安心感

☑ 図書館通いのよさ

土日のうち、土曜日は子どもが習い事に行っているというケースが多いと思います。子どもも何かと忙しい今の時代だからこそ、日曜日の家族のゆったりとした時間というのはかけがえのない貴重なものです。

そんなふうに、のんびりと過ごせる日曜日があったら家族で図書館に行くことをおすすめします。あくまでも、親御さんが「それもいいかも」という前向きな心持ちであることが前提です。

繰り返し書いていますが、子どもに対しては「やりなさい」という命令口調だと、どうしても自らやってみたいという意欲が育ちません。

「やりなさい」と言われたらやりたくないし、逆に「これはだめ」と隠されたら見たくなるのが子どもの心理。やらせようとするのではなく、**お父さんお母さん自身が本好きで、借りてきては読んでいる、買ってきては読んでいる**ということが一番子どもの興味を刺激します。

たとえば日曜の午前中に家族で図書館へ行く。おのおの好きなコーナーに散らばり、選んだ本を数冊ずつ借りて帰ります。昼食をみんなで食べ、午後はそれぞれ借りてきた本を読む。忙しい日々の中での穏やかさが、子どもたちにとっても安心感をもたらします。毎週とは言いません。年間を通して何日かでも、こういう日曜日が子どもたちにあるといいなと思います。

実際に先日面談をしたご家庭は、この過ごし方を隔週でされていました。図書館に行って本を借りてきて、貸出期間である2週間を目安に、また返しに行って新しい本を借りてくる。

そういうサイクルができているそうです。2年生の男の子ですが、表現力、知識、ユーモアセンスなど、高いレベルで身についています。テストの点数だけでは測れない部分で、言葉にすると難しいのですが、脳がしっかりと耕されていて、どんどん知識を吸収していく土台ができているように見えます。

どしょかん

どこに行くかは重要ではない

☑ プロセス自体を楽しませて
☑ 子どもの「特別な記憶」に

例えば、のんびりと散歩をしながら、図書館へ行って本を借りて読書をしながら過ごすこと。これを静的な休日とすれば、家族みんなでどこかへお出かけする動的な休日というものもあると思います。家族で、その日を楽しみにできるせっかくの機会ですから、「当日を迎えるまでの時間の過ごし方」を少し意識してみてください。

基本的に、休日でも長期休暇中でも、お出かけは親御さんの行きたいところに行くという判断で構わないと思います。もちろん、子どもが行きたいところに連れて行くということでも構いません。

しかし、子どもたちにとって、突発的に訪れたお出かけの日や旅行に対しては「なんか遠いところへ行った」「電車に乗った」という断片的な記憶だけが残ることになりがちです。これは非常に受動的ですし、当日親に準備を急かされて「早くしなさい」と言われても楽しい感じはまったくしません。「結局どこに行ったのかも知らないまま」ということもよく起こっています。

親御さんの多くは子どものリクエストに応える時は、色々なものを見せてあげたい、様々な経験させてあげたいという思いと、やはりシンプルに喜ぶ顔を見たいという気持ちがあるでしょう。

しかし、「いるかのショーだよ、感動して！」というのは無理な話です。準備があって、子ども自身がもうすぐ見られるんだ！という待ちわびた時間こそが喜びを大きなものにしているのではないかと思います。実は楽しみな日を思い浮かべながら、**指折り数えてその日を待つプロセスは非常に能動的に頭を使っている時間**なのですね。

せっかくの家族でのイベントなので、事前準備を家族で楽しめると理想的です。行くまでに子どもたちの中のわくわく感を醸成できるといいと思います。

遠出するなら、日本地図を出して「ここから、ここに行くよ」と指し示して教える、乗り換えやどこで新幹線に乗るかなどの道程を見せてあげてください。そういう前準備によって子どもたちは当日の移動ひとつとっても、「ここまで来たんだな！」「もうすぐ着くんだ！」という感動が生まれますし、とても前向きに地理を学べるでしょう。

野球やサッカーなど、スポーツの試合を観に行くなら、「今日勝ったらどうなる」「この選手のこれがすごい」などの前情報があるだけで、当日の応援への熱の入れ方もまったく変わってきます。

例えば、出身地が同じとか近いとか、知っている学校の選手などが登場したらやはりひいきしたくなるのが心情でしょう。男の子に多い傾向ですが、憧れの選手を一人見つけたら、習い事の練習にもより身が入るということはよくある話です。

こういうお出かけ前の楽しい準備が習慣になると、親側の観点からの「お出かけ」ということにしばられずどんな行き先でも子どもは楽しくなりますし、特別な記憶も増えると思います。道程を楽しむことのひとつとして、子どもにカメラを持たせて、好きなものを撮らせるのも観察力を鍛えるひとつの手段としておすすめです。

習い事の始め方

☑ 始めて、すぐやめるを避けるために

☑ 本人の意欲の見極めを

今は、低学年からほとんどの子が習い事をやっていますが、どうやって習い事を決めるかということは極めて重要です。ここでは、子ども本人が習い事をやりたいと言った場合と親が何かをさせたい場合の2つに分けてみていきたいと思います。

◆子どもが自分で始めたいと言い出した場合

子どもが自発的に何かをやりたい！と言うときは、少し落ち着いて対処されることをおすすめしています。なぜ、習い事を始めたいのか、その動機が本当に強いものかどうかを測ってから判断されたほうがいいでしょう。要注意なのは、仲のよい友達がやっていて、一緒にいる時間を増やしたいから同じ習い事をしたいというケース。そもそも習い事そのものにはさして興味がないというケースです。同じクラスや同じ時間帯の時はまだいいですが、そこに少しのズレが生じたら「もう、いいや」となりかねません。

また、たとえばプロ野球の試合を観に行って、スター選手のホームランを見て、帰り道から「野球がやりたい‼」と言うのも要注意です。もちろん、子どもはスター選手に心底感動し、そのときは本気で言っているのです。ですから「きっかけ」としてはいいのです。後述しますが「やりたい」という情熱が衰えなければ、始めたあとも、その習い事も時間も大切にするでしょう。仮に、翌週サッカーの試合を観に行きました。帰り道で今度は「サッカーやりたい！」となってしまう場合は、少しスタートを先送りにして様子を見極めたほうがいいと思われます。

では、何を尺度にして、ゴーサインを出すかと言うと、習い事を始めたいという情熱を衰えさすことなく、**少なくとも半年、できれば1年程度の期間、こだわり続けている**というのであれば、それは本当にやりたいことなのだという判断をしてもよいと思います。

サッカーがやりたいとずっと言っていて、なおかつ暇さえあればボールを蹴っている……こういう言行一致が見られたときも安心してスタートをしていいでしょう。

「やりたいなら、すぐやらせたらいい」という考え方もあるとは思います。特に普段あまり主張をしない子であれば、かなりの勇気を持って表現している側面もあるでしょうから、一概に「やりたい」↓即スタートを否定するつもりはありません。

しかし「ごねたらやらせてもらえる」という構図は何かに似ていませんか。

それは買い与えです。ほしいほしいとねだって、買ってもらって自分のものになる直前が喜びのピークで手に入った瞬間から少しずつ冷めていく感覚。習い事も同じで、いざ始めてみたら「そこまでやりたいことでもなかったかもしれない」と気づくと非常にそのあとがつらくなってきます。

入会金と初月分の月謝を払い、かつ学習系もスポーツ系も事前準備にかかる初期費用もあります。決して安くはない費用がかかります。ところが開始して1ヶ月程度で既にやる気が見られなくなり、2〜3ヶ月経過したら「次の習い事の話をし始めた」なんてことがあり半年でやめてしまうということになったら……それでは何も身につかないどころか「簡単に始められる経験と簡単にやめられる経験」の決して好ましくない二つの事実だけが残ってしまいます。

簡単にやめる練習をしてもしょうがないからこそ、始め方に慎重になることを提唱しています。特に、地域で流行している、クラスの子の多くが行っているというようなものに「みんなやっているから」という理由で便乗するのはくれぐれも気をつけてください。

◆家庭の方針で習わせたい場合

子どもの意思とは関係なく、家庭の方針で習わせたいというものもあるでしょう。代表的なものを列挙すると、英語、水泳、バレエ、ピアノのいずれかを習っている子は比較的多く、子どもたちの習い事の中心になっている印象を受けます。これらは、あくまで一例ですので中心に据える習い事は各ご家庭によって異なると思います。しかし、親御さんが家庭の方針としてやると決めている習い事に対し「お母さん（お父さん）は、あなたに風邪をひきにくい強い体になってほしいから、水泳に行ってもらいます」というように、しっかりと親側の本音を伝え、有無を言わさず通わせるというやり方には比較的子どもも納得して受け止めているように見えます。

もちろん、自発的である方が技術の習得効率はいいと思います。しかし、技術の習得ではないねらいが明確にあるのならば、変に策を弄して上手くその気にさせるというよりも「これはうちの家訓！」というくらい毅然として、交渉の余地なしの方が子どもにとって、一時の理不尽と感じても割り切れたらスッキリするものです。また、少し先にはなりますが意外と家庭の方針で始めた習い事の「おかげ」を感じることができるものです。

◆子どもがやりたいことがない場合

一方で、子ども自身が「これがやりたい！」というものがなくて、お母さんが困っているという相談もよく受けます。「やりたいやりたい！」とわかりやすい伝え方をせず、仮に思っていてもあまり言わないような子の場合は、特に判断が難しいことでしょう。こういう場合は、ワークショップのような単発型のものをたくさん、**見せたり体験させたりする機会を持つこと**をおすすめしています。巷で今話題になっているようなものや、多くの子が習っているものでなくても、まったくかまわないのです。意外と思いもよらぬものや、すごくしっくりくることに出会える可能性もあります。親御さんとしては、選択肢を豊富に準備してあげた中で、本人が特にどれに反応しているか、こだわっているかを見極め、勢いがつく程度に自然と背中を押してあげるということが求められるかもしれません。

さて、学習系の習い事について「塾に行くのと、家庭教師とどちらがいいですか？」といったご質問を受けることもありますが、これは基本的には外（塾）に行って集団の中で学んだ方が絶対にいいと思います。

子どもにとって家は心と体を休める、オフにしたい場所。家でオンにすること自体、かなり負担感が大きいはずです。個別で教えてくれるから、お子さんの様子を細かく見て、弱点を分析し対応法を授けて、学力を伸ばしてくれる。お母さん方はそう期待するでしょうし、その期待に応えられる側面は確かにあります。本当に集中して理解力を上げたい単元や教科が明確で、限定的に使うということであれば極めて効果的だと思いますが、前述した通り家は集中スイッチをオンにしにくい場所なのです。教え子が小学生時代に家庭教師をつけたケースがありましたが、総じて先生との関係性に慣れてくると「やらないで（考えないで）粘り、（答えを）教えてくれるのを待って先生が根負けしていた」ということをお母さんが仰っていました。そういう事例を鑑みても「限定的に使われるのならば」ということを念頭に置かれるといいと思います。

一般的には「みんなが勉強をしに来ている。ここは集中力をオンにする場所」という子どもの心と体が反応しやすい場所のほうが、やはり総合的に見ると圧倒的に学習効率はいいです。

花まる学習会でも、難しい問題をバンバン解いていながら、家に帰ってみたら全くできないという子はたくさんいます。これは変なことでもなんでもなく、花まるの授業中は目いっぱい頭を働かせていて、帰宅したらきっぱりオフモードになっているということです。場所や集団のバイアスがかかることでそれだけ大きな差になるということですね。

思考力ゲームをやる

☑ 考える力は学力へ反映される

☑ 遊んでいる感覚が集中力を高める

以前、私の教室に通っていた男の子の話です。

5歳（年長コース）の時から通ってくれている子でしたが、小学2年生の中盤になっても平仮名を書くこともおぼつかなかった男の子がいました。お母さんはその状況を、多少心配はされていたと思いますが、大変おおらかに見守っていらっしゃいました。

どうしても「この学年のこの時期にはこれができて当たり前」という物差しはありますし、子育て中の心理としてはその物差しを基準に今わが子がどの辺に位置しているのかを気にしてしまうものです。そういう意味でいうと、ちょっと不安が大きくなってもおかしくなかったのですが、おそらくお母さんも私も確信を持って「いずれ問題なくなるだろう」と思っていた子です。その根拠はたくさんあるのですが、第一に学びに対してとても意欲的だったということが挙げられます。新しく知ったことへの驚きや感動を本当に素直に言葉にする子でした。

また、興味を持ったことにとことん没頭することがとても得意で、2年生当時、彼がもっとも関心を持ったのは「毒」を持った生き物や植物でした。その趣味だけ、お母さんは眉をひそめていらっしゃいましたが、「結局、もう好きなんだから仕方ないですよね！」と割り切られていました。後日、私が彼に「毒のことを調べてるんだってね？」と問うと、本当に嬉しそうな表情で「先生、毒は薬になるんだよ。治らない病気を治す薬を作りたいんだ」とまっすぐに話してくれたことを思い出します。植物や生き物の絵を描いたり、名前や注意書きを書いたりしていく中で、自然と平仮名やカタカナも安定して書けるようになっていきました。

毒への興味も次第におさまり、次に彼が夢中になったのは将棋でした。4年生になり、おじいちゃんから将棋を教わり、あっという間におじいちゃんを打ち負かし、お父さんも彼に敵わなくなり、毎週末は将棋会館に通うことが楽しみになっていました。争いは全く好まない子で、勝った負けたで感情的になることはなく、例えば1年生の子に負けても「なんで負けたのか理由が分かる時が一番楽しい」と話していました。

囲碁や将棋、アルゴカード、その他諸々の良質な思考力ゲームの本当のよさは、まさに彼が言った通りで、勝つも負けるも必ず理由があり、難解な思考パズルを解きさるに至った時の爽快感にあります。なおかつ「やらされている勉強」ではなく、極めて遊んでいる感覚に近いからこそ能動的な集中力が高まるのでしょう。

将棋で成績がよくなる……？と思われた方もいらっしゃるかもしれませんが、囲碁や将棋などで培われた思考力はそのままダイレクトに学力にも反映されます。算数は

そもそも論理的思考力が問われる教科ですし、良問の多くはまさに思考のきっかけをつかみ、見えない情報が少しずつ表れて、その情報を使いながら次の見えない情報をまたつかむというように、一手一手正確な手順で破綻なく理由を持って詰め切っていくことを求められるものが多いのです。いわゆるパターンの丸暗記や解答するためのテクニックだけではなく「未知の問題に対して考え抜く力」を問われているということですね。

親と離れる体験をさせる

☑ 親にはあげられない体験

☑ 1年生から参加しても

花まる学習会では、毎年サマースクールを開催しているのですが、原則として個人で申し込んでもらっています。子ども（親御さんもですが）の安心のために友達と、せめて誰か知っている子と一緒に申し込みたいという気持ちは初めての時ほど芽生えますが、あえて各自1人1人で申し込むやり方です。申し込み時に「○○さんと同じ班を希望します」ももちろん受けつけていません。

スクール当日の朝、集合場所に着いたら、みんな「初めまして」から始まるのが花まるのサマースクールです。大人を介さず異学年でゼロから人間関係を構築する経験の総量は、大人になってからのコミュニケーション力に直結すると言っても過言ではありません。もっともやせがまん体験ができて、仲間を作る喜びを味わえて、もめごとを乗り越える経験をさせる。そこに最大の教育効果があると確信していますし、現実的に子ども同士のかかわりの中で起こる奇跡的な化学反応によって大きな自信を得て帰路に着く子が以前に比べて圧倒的に増えました。第一に生身の人間関係が確実に学べることが親元を離れる価値と言えるでしょう。

また、**「ゼロから遊びを生み出す創造力」**が鍛えられます。

今の子どもたちは、本当にあまたのおもちゃや公園などに設置されている遊具で遊ぶことに慣れていますので、目的地に到着し、何にもないだだっ広い川や原っぱで「遊んでいいよ」と言っても、最初は何をしていいかわからないものです。

でも、時間が経つにつれ、石で遊ぶ、木陰に隠れる、水に足を浸してはしゃぎ、何かルールを決めてゲームを作り出す……というように遊び方をつかみ始めます。本来、子どもたちは「暇」という時間を嫌い、許されるならずっと遊んでいたいのですし、その時間に学びが大いにあったはずでした。しかし、現代は日常的に刺激が強いものに遊んでもらう時間が多く、自ら遊びを生み出せる場所も時間もなくなってしまっています。故に、まったく刺激がなく創造的でいなければ何も始まらない場所に身をおくと、しばらく動きが止まってしまうのです。しかし、多少時間はかかるのですが、日常の遊びが通じないことを理解し、日々の刺激的な遊びがデトックスされると、本能的に楽しみたいという思いが推進力になって創造的な遊びの扉が開かれます。そうすると、子どもは大人の想像をはるかに超える様々な遊びを実現します。これもまた、能動的で頭をフル回転させている時間と言えるでしょう。

そして**「親元を離れる」**という、耐えがたい思いの中で、ぐっと我慢する経験には大きな価値があります。ただ、本当にこれは初めの一回だけというケースが圧倒的多数です。高学年以降になると、むしろ家に帰るより、もっと長くサマースクールで過ごしていたいという子が大半です。もちろん、家が嫌いということではなくて、まさに帰る家に絶対の信頼があるから長く外にいられるということですし、やはり経験を重ねることによって「どこに行ったって楽しめてしまう」という本当に生きる上で最も大切にしたいマインドが培われていると言えます。

しかし、初めて親がいない夜を過ごす子は、家の中というものが自分にとっていかに安全安心な場所かということに気づきます。親御さんの存在がどれだけ心強い存在なのかを身をもって学ぶでしょう。これは、勇気を出してやってみないと得られない感情です。そして、初日の夜は寂しくて心細くて帰りたいけれど、みんな我慢しているんだという中で自分もぐっと耐えることを知ります。仮に寂しさで大泣きしたって、それが耐えていないという訳ではないのです。表現の仕方が違うだけで、みんなやせがまんをしっかりと経験して、自立への一歩を踏み出しているのですね。

帰ってきたわが子を見て、少したくましくなったと感じる親御さんも多いと思います。一番そのことを感じられる瞬間。それは、解散場所に到着し、解散した後も重たい荷物を自分で持って歩くということをしている時だそうです。来る時は大きなリュックはお母さんに持ってもらっていたのが、帰る時は疲れていても自分で持つという気持ち。これは些細なことではありません。大きな大きな成長です。

そして最後は、**「もめごとを経験する」**ということ。花まるでは「もめごとはこやし」を合言葉にしています。

数日間とはいえ、寝食を共に過ごしていると必ずけんかやもめごとが起こります。もちろん、一対多数みたいな構図や主張を通すために暴力を振るうなどということは論外ですが、一対一でお互いに自分の主張を相手にぶつけて言い合っているような時は、語気が荒くても静観してどのように解決への道筋を整えるか子どもたちの様子を見ています。ほとんどのケースで折衷案を探し折り合いをつけ、仲直りしてまた活動に戻っていきます。これは、大人も見習うべき部分だなと思うほど、本当にしなやかで美しいとしか言いようがありません。まだ折り合いがつけられないな、というケースだけ、最後にリーダーが少しだけ手を貸して落としどころに導いていきます。極力、解決は自分たちがしたという印象にしてあげることが大事です。

現在は、「けんかはしない・させない・未然に防ぐ」というのが保護者や子どもが集まる場所での共通言語のようになってしまっていますが、過度に行き過ぎるのはいかがなものかと思います。とはいえ、私もわが子のことになると盲目的になるのだろうという気もしていますが、結局のところ幼少期にけんかをすることがなく、仲直りするということも知らないまま大人になってしまうと、後々困るのは子どもたちです。自分と合わない人をどんどん切って捨ててしまっていたら、結果自分が生きられる世界を狭めているだけです。けんかをして仲直りして、理解しあって、合わせられるところを合わせて、主張すべきところは主張しながら渡り合っていくのが社会の実情です。人間関係で必ず起こるストレス経験を乗り越えていくことにも、親元を離れることで得られる学びがあるのです。

けんかをして、仲直りをしてということを繰り返して、帰る頃には「けんかもしたけど、やっぱり面白かった。友達っていいいな」という体験をすること。こういう場面以上に人間同士のコミュニケーション能力を鍛えられることがあるでしょうか。

ただでさえ、一人っ子が多数派の時代、疑似兄弟体験を味わえること自体が貴重な経験と言えるでしょう。6歳くらいになったら、一度子どもだけの合宿に参加させてみることをおすすめします（必ず預け先の詳細情報や万が一の時の連携方法等をご確認されて、親御さんの安心が担保されたうえでお申し込みされることをおすすめします）。

COLUMN 3

内向的な子とどう向き合うか

静かな子、内向的な子の親御さんからよく相談される内容として、「何を考えているのかわからない」「何をしたいのかわからない」といったことがあります。小学2、3年の時点でこういう相談を受けることが多く、興味深いのは共通して上の子の場合が多いということです。

これは環境要因がそうさせているというパターンも多いです。つまり、そこまでの時点で親がいろいろと与えすぎてしまっていて、子どもとしては「もう何でもいい」というような状態になっているというケースです。子ども自身が枯渇していないから、取り立てて「したい！」というものがないのです。枯渇がない状態で育っているので、「これは、どうしても欲しい」「どうしても、行ってみたい」というような渇望が生まれにくいのです。親御さんとしては「なんで、全然主張しないんだろう」という感じかもしれませんが、単にその必要がなかったからだと言えるでしょう。

一方、環境ではなく性格的なケースもあると思います。選択肢がありすぎて、満たされているから何も言わないというよりは、自分の意見を出すのが苦手だったり、自分の中で完結していたり、控えめな子だったりという場合です。

「うちだけ何も習い事をしていない」「早く何かさせなきゃ」と思われることもあるかもしれませんが、内向的な子はその子なりにいろいろと考えています。「何も習わなくていい」と言うのであれば、家にいて過ごしている自分の時間が大切だということ。では、その時間の内容はどうなっているか？という点は確認の必要があります。延々ゲームをやっているのであれば別ですが、絵を描いていたり、工作をしていたりということに熱中しているのであれば、その子の世界にとって意味のあることをしているわけですから、「何をしたいのかわからない」と悩む必要はないのではないでしょうか。一方、水を向けてみて「本当は何かやりたいのかな？」というような感じであれば、習い事の項でもお伝えしたとおり体験型のものにたくさん連れて行き、そこから「どれがおもしろかった？」などと選ばせるという方向でよいのではないでしょうか。

PART 5

子どもを伸ばすために親が大切にしたいこと

親が基準を持つとはどういうことか

☑ 夫婦が同じ方向を向く

☑ 子どもの安心感のもと

子育てや教育に関して大事にしたいこと、というのはそれぞれのご家庭で方針は違ってくると思います。しかし夫婦間ではある程度同じ方向を見ている関係性であることは大事です。これは、わが子をどういうふうに育てていきたいのか、という方向性が夫婦間でしっかり「話し合われていて」共通の理解を持っているということです。

面談をしていても、話がまとまらない時は、お父さんとお母さんの意向が正反対で対立しているという時が大半です。例えば、お母さんは中学受験を望み、お父さんは公立中への進学を望むという時などは、なかなか一本化できません。どちらかが頑なになってしまうと、議論もできなくなってしまうこともしばしばあります。

ですが、夫婦間の子育てに対する考え方の違いが顕著に出ることは稀なケースではなく、比較的多くのお父さん、お母さんの間で起こっている根深い問題です。

問題が起こる三つの要因を挙げてみましょう。

一つは、長年一緒に過ごしてお互いをよく知る伴侶とはいえ、男性と女性の性差による考え方や物事の捉え方が違うという大前提に関する理解はまだまだ乏しいという点。男性側は結論だけがほしいけれど、女性は話を聞いて共感してほしい人が多いということがよく見受けられます。

そもそもの性の違いもあり、育った環境も、年齢も、考え方も違うのは当たり前なのだから、お互いを想像してみて歩み寄ろうという前提に立てれば、少し感じ方も変わるのではないでしょうか。

二つめに、夫婦間の意見の相違から起こる衝突を避けようと結論を先延ばしにして、いざという時に慌てるケースです。お互いの考え方に触れていないので、とんでもないズレから話が始まってしまうということが起こる可能性があります。家のことや仕事を全て終えて、子どもが寝静まった後、ようやくリラックスできたところから、腰を据えてじっくり子どもの将来のことに関して、おそらく意見の相違が起こる話をすることが気乗りしないということ。執筆しながら思い当たる節があるなと反省しています。こちらも比較的多いのではないでしょうか。

最後は、お父さんお母さんが自分の経験に引き寄せて、お互い一歩も譲らないというようなケース。これは例えば中学受験の是非などでもよく見られるケースです。受験をしてよかったと思っているお母さんと、受験をしなくて何の問題もなかったと思っているお父さんの考え方の相違。やはり物事を考える上で、自分の経験から意見が生まれるのは当然のことではあるのですが、経験からの議論だけでは、当事者である子どもの話にはなっていません。そもそもすごいスピードで時代が変わってきているのですから、自身の経験則だけで話をするのではなく、時代の流れや先を読む、ある意味では新たなことを学ぼうとする謙虚さが求められます。「自分のときこうだった」ではなく、今自分の子どもに受験をさせるということの是非をゼロベースで考えることが大事だと感じます。

お父さんもお母さんも一枚岩でいてくれる。だからこそ子どもは安心していられる。これが一番の理想です。夫婦自体が家と家のぶつかりのようなものなのですから、それを当然としたうえで、我が家の新しい文化をつくるんだ！というくらいの気概を持てるとポジティブになれるのではないでしょうか。

子どもの「夢中」を大事にする

☑ 先取りに神経質にならない
☑ 能動的なものなら、なんでもいい

仲がいい家族、というと四六時中一緒に過ごしているような印象があるかもしれませんが、現実はその逆だと思っています。仲のよい家庭、親子同士の関係がいい家庭ほど、個々の時間を大事にしているという印象があります。これはつまり、子どもがまだ幼くても、何か夢中になっていることを尊重してあげて（わずかな時間目を離しても大丈夫という安全面ありきですが）常に監視するようにチェックするということをせずにいられるということです。

自然にリビングに集まって談笑し、自然と散っていく、そんなイメージです。

たとえば、2歳から3歳くらいの子の様子を見ていると、大きいブロックを積み上げては倒し、積み上げてはまた倒しということをよく繰り返しています。また、実際にやられてみると、少々腹立たしいかもしれませんが、ティッシュ箱の中からティッシュを取り出すことに長く集中している子もよくいますね。随分、静かだと思ったら家中ティッシュだらけになっていたということもあったのではないでしょうか。難しいところですが、いたずらではなく、本当に集中しているようであれば、一回くらいは取り上げずに、その様子をそっと観察してみることをおすすめします。まさに「夢中」という言葉通り全く他のことに気を取られていません。この状態が能動的な没頭なのです。

5歳くらいの年齢になると、遊びの幅も広がりますね。ブロック遊びからぬり絵、折り紙や工作など集中して遊ぶということがどんどんできるようになります。

是非、子ども自身が好んでやっていることを、飽きるまで存分にやらせてあげる時間を意識的に取ってみてあげてください。あと伸びする子が必ず持っている**良質な集中力**が鍛えられています。

この時期は、実は親の焦りの入り口にあたります。

4～5歳という年齢になると、先取り学習をしている子たちは形としてできるようになっていることが増えてきます。たとえば、興味関心が計算に向いていて、意欲的に学んで足し算ができるようになったということであれば、それは喜ばしいことだと思います。ただ、教えに教え込んで、もうかけ算ができるとか分数の計算ができるということ、他の子と比較して多少習得が早いということは、現場で高学年以上の子たちを見ている限り、ほとんど意味がないように思っています。いずれ、できるように

なることなので、やはり幼少期だからこそ伸びる空間認識力や平面図形のセンス（補助線が浮かんで見えるような力）や何度も何度も試してみる力（試行錯誤力）を外遊びや創作遊びの中で培った方がいいと断言できます。

保育園、幼稚園、親戚、地域のネットワーク等で「○○ちゃんはもう足し算ができるらしい」「○○ちゃんの年賀状は漢字で書いてあった」というような話が耳に入るだけで焦ってしまうのはよくわかります。追い打ちをかけるようにまた別の「○○ちゃんはかけ算までいっている」というような話を聞くと（話を聞くというより、そういう話しか耳に入らなくなってしまうのですよね）もう気が気でなくなります。その流れに翻弄されてしまうと、子どもが何か遊びに夢中になっていても「それになんの意味があるの？」という感情を持ちがちです。困らないようによかれと思って、「少しだけこのドリルもやってみよう」とか「これとこれを足したらいくつになるかな？」などと、夢中で遊んでいて質のよい集中力を育んでいる最中の子の意欲を削いでしまうのです。

ですが、先ほどお伝えしたとおり、先取り学習が全てを決めるいうことは全くありません。ですから、まわりの状況が「先取り、先取り」であったとしてもどうかお子さんの夢中になっていることの方を大切にしてあげて見守ってあげてほしいのです。

何がいいですか?と聞かれることもありますが、実際のところなんでもいいのです。

大事なのは、夢中になっているものの対象物が「刺激が強いものなのか」「刺激が少ないものなのか」というところです。あと伸びする子に共通しているのは、何度も書きますが良質な集中力が身についている子です。良質な集中力とは刺激が少ないものに対して、能動的に入り込める集中力のことです。そういう意味では、工作やお絵かき、迷路、折り紙、ブロック遊び、パズル、将棋・囲碁等のボードゲーム、読書、図鑑を読むこと、音楽を聴く、生き物や植物の観察、外遊び。一例ですがこういったことに夢中になれていれば、良質な集中力が必ず育まれていきますよ。

「話を聞ける子」になるには？

☑ 親は子どもの話を聞いているか？

☑ 親側の力量も問われる

あとからぐんぐん学力を伸ばしていく子を見ていると、ご家庭で言葉によるコミュニケーションがしっかりとできているということが一つ大きな要素として挙げられます。前述した将棋が大好きで高学年から伸びた子も、2年生の段階で聞かれた質問にしっかりと答えられる言語能力が疑いなく発達していました。そして、その力が養われたのは家族間の会話のキャッチボールが頻繁にしっかりとできていることが背景にありました。

ではその力はどうやって育まれるのかというと、これは至極シンプルで「相手の話をしっかりと聞く」という習慣をつけることから始まります。子どもにしっかりと話を聞くことを求めるのであれば、大人が子どもの話を聞くことが当然大切になってきます。忙しかったりすると、子どもが一生懸命に伝えようとしていることを親側が聞き流してしまうということが意外と起こっています。

◆まず、子どもの話をきちんと聞く

見落としがちなことかもしれませんが、会話をするということはコミュニケーションなので、子どもに話を聞いてもらうには、親が話を聞いてあげることが大前提なのです。親は大人だから、一方的に話を聞きなさい、というのはおかしなことですよね。

確かに、子どもの話は、いつ終わるんだろうというくらいまとまりがないこともあるでしょう。話題があっちに行ったと思ったらこっちに戻ってきてという感じで要領を得ないこともあるかもしれません。最初からうまく話をまとめて伝えるということは、難しいことです。大事なのは伝えたいという思いをくみ取ってあげること。要点がわからないから「それで、結局なんなの?」という聞き方をしてしまうと、伝えるということそのものをする気がなくなってしまいます。「つまり、こういうことなんだね」と**言い換えてあげる**ことで、少しずつ自分が言いたいことをまとめる術を覚えていきます。

表情、体の向き、頷きなどいろんな要素で「あなたの話をちゃんと聞いているよ」と誠実な姿で示すことが第一歩です。

◆子どもが聞ける内容の話をする

子どもが人の話を聞くのは大切なことですが、ここでは聞かせる側の大人の技量というものも求められます。子どもは「うわ、つまんないなあ」と思ったら、わかりやすく心のシャッターが閉まります。たとえば、子どもがミスをしたことを指摘する場面は多くあると思います。そのことだけを短く的確に伝えきればおしまいなのですが、過去にさかのぼり、あの時もこの時もあなたはそうだったでしょう！とそれこそ要点がズレ始めてしまうと、聞く耳を持たなくなります。当時1年生だった教え子のお母さんが仰っていました。

「先生、聞いてください！　昨日、〇〇のことをめちゃくちゃ怒ったんです！　神妙にしているから少しは堪えたかなと思ったのですが、何て言ったと思います⁉　話し終わった後『お母さんの怒ってる顔見てると笑えるからもうやめて』ですって！　呆れて何も言えなくなりました」

これは子どもが一枚上手ですね。多分、話が長かったのでしょう。耐えられなくなったと思ったら完全に反省モードは終わり、お母さんの顔を見ると笑い出してしまいそうになった。

お母さんが偉いなと思ったのは、確かに感情のままに長く怒りすぎたということを受け止めていらっしゃったことです。非を認め、次はより伝わりやすくしていこうというお母さんの姿勢は必ず子どもに伝わると思います。

子どもに聞いてもらえる話の技量、というと面白おかしく話をする能力というふうに感じられるかもしれませんが、決してそういうことではありません。大切なのは、子どもが飽きずに**興味を持って聞ける範囲に話を要約する**ということです。子どもの話が要領を得ないと大人が思うように、大人の話も子どもにとってみれば要領を得ないと思っている場合があるでしょう。そこを歩み寄れるとよりよい会話のコミュニケーションが育まれていくと思います。

本当に伸びる子の家庭というのは会話のキャッチボールがとても上手で、あっちに投げたりこっちに投げたりしません。子どもから飛んできたものをちゃんと受け止めて、その上でちゃんと投げ返してあげる。基本的な家庭の言葉の習慣が学びの土台になるのです。

不自由な体験をさせる

☑「体感」の力をつけること
☑考える機会が少なくなっている

オートメーション化がますます促進されるこれからの時代です。身近なところでその恩恵を受けることも増えるでしょう。

オートメーション化のよい側面は、これまでそこに割いていた時間を趣味や家族との時間に充てられるということが一つ言えると思います。子どもと一緒に過ごせる時間が今よりも少し増えて、親御さんの背中を見せられる時間が増えるということは、素晴らしいことです。実際に、家電製品などの便利な製品のおかげで、家事の時間が大幅に短縮されていることを実感されている方も多いと思います。

一方、子どもたちが日常生活の中で、**自然と物事を考える機会や学習する機会をなくしている**という側面はやや見落とされがちかもしれません。

たとえば、お風呂ひとつとってもそうです。

わずか数十年前までは、水を汲んで浴槽を満たし、薪を燃やして水を温めるということをしていたことは、今では考えられませんが事実です。その後、水を入れて溜めてからお風呂を沸かすという時代がありました。私が子どもの頃はこの形態でした。

少し目を離していると、水が溢れかえり、母親の「水を止めなさい！」という怒鳴り声が聞こえ、水を沸かしていることを忘れると、湯船の湯が煮え立っていて、ぼこぼこしていることにびっくりしたという経験のある方も多いのではないでしょうか。当然、本能的に触ったら危ないということはわかりましたし、水で埋めるという表現の仕方もそこで知った記憶があります。

今はスイッチを押せば、適温適量の湯船が完成というお宅も多いでしょう。さらに、遠隔操作でお湯を入れたり、声に反応して機械を動かしたりということまでできるようになってきています。便利で安全には違いありませんが、例えば時間の感覚もお風呂を作ることではなかなか身につかなくなってしまいますし、煮え立ったお湯のどうにもならない恐怖も味わうことはできないのです。

ボタンを押せば、快適なお風呂ができあがるということを知ってしまうと、多くの人はそこに関してもうそれ以上は何も考えることがなくなります（こういった仕組み自体に興味を持てる子は別ですが）。

体感していることで想像できる算数の問題も、その経験がないためイメージが湧かず子どもたちが何を問われているのか混乱している場面も散見されます。もちろん、教えてイメージを伝えてあげれば理解はするのですが、体感を伴った腑落ちの機会が著しく減少していることを危惧しています。

できる限り、幼児期のうちは机上だけではなく、時間感覚や数字の感覚などを体感できるように、あえて少しアナログ感を残したお手伝いをさせることをおすすめします。蛇口をひねって水を出し、1分でこれくらい、2分でこれくらい、じゃあ10分後くらいに見にくればいいんだ！というそういう感覚です。

お風呂は一例ですが「必要はないけれど、体感して学ぶためにあえてやる」ということに敏感でいるくらいの方がいいと思います。今の子たちは、パッと見て大丈夫そうでも、触ったら熱いという感覚、熱く入れすぎたから水で埋めるという経験が乏しいのは事実です。故に、やはり危険察知の力は落ちていると、特に野外体験の場面等で痛切に感じることが増えてきています。繰り返しになりますが、やはり実体験はばかにできないということです。

全体としては、これからもますます便利になっていく一方でしょうし、子どもたちはそれが標準の環境で生きていますから「あえて不便を体感させる」機会は心に留めておいていいと思います。

変化を受け入れる姿を見せる

☑ 親ができるのは「言葉かけ」

☑ 基盤となるのは家族

激変の時代にあって、子どもに対して転ばぬ先の杖を用意してあげることではなく（用意してあげたその杖を使う時には時代が変わってしまっている可能性が大きくなってきていま す）、どんな時でも意外となんとかなるものだという精神的な余裕を伝えてあげることの方が大事なのだろうなと思っています。有形のものよりも無形のものです。

「どうなるのかな、困ったな」

「これから大丈夫かなぁ」

こういう言葉が家庭内で飛び交っていると、子どもは当然不安になります。今、生きていてまったく不安のない人なんてほとんどいないでしょう。みんな、誰しも不安を抱えながら生きているわけですが、それも含めて楽観的でいられること。**変化に対して柔軟であること**が重要だと思っています。

「まあ、なんとかなるよ」

「今までだって、みんなでなんとかしてきたんだから」

根拠はないけど「なんとかなる！　なんとかする！」という大人の姿勢は子どもたちに安心をもたらします。

「家族」というユニットが安定安心の基盤で、このユニットがしっかりしていれば、絶対に大丈夫。そういう感覚を持てれば、変化もそこまで怖くないはずです。

極論ですが「いやぁ、お父さん仕事なくなっちゃったんだよね」ということだって絶対にないとは言えない時代です。

「そっか、また明日から考えて家族みんなで頑張っていこう」

綺麗事かもしれません。実際のところそんなに甘いものではないこともわかります。しかし、過度な深刻さで家族全体を沈ませてしまうと、次に繋げていくための気力をも失わせてしまいます。実際のところ日本国内は、まだまだなんとかなることの方がきっと大半でしょう。人生100年時代、人工知能（AI）の台頭、超高齢化社会の到来、終身雇用の終焉。色々と取りざたされています。ライフスタイルの変化は今までだってずっとあったことです。なるようになっていく中でベストを尽くすことは、おそらくこれからも変わらないでしょう。

ただ、人に自分の生き方を委ねることは、いよいよ難しくなる時代だとは思っています。だからこそ、自分の軸をしっかり持ちなさいと伝えたい。軸というのはつまり「不安定さを理解した上でどこに行っても安定していられる力」を身につけるということが一番大事だと思うのです。

おわりに

　子どもたちと接していて面白いなと思うのは、例えばサマースクールの朝の集合場所で「君は5班だよ」と伝えられると、すぐにその5班を好きになり、メンバーを仲間と認め関わってくれることです。出発して1時間もするとかなり親しくなり、夜にはふざけ合うだけでなくけんかも仲裁もできるくらいお互いに打ち解け、3泊4日の終わりには、泣きながら別れを惜しむ姿を見ることも珍しくありません。

　これはどういう力学でしょうか。それは「人はいつも居場所が必要な生き物なのだ」ということだと思います。赤ちゃんとして生まれてから、少しずつ成長し、社会という荒波の中で自立し、家庭や友だち関係の中で信頼され、愛され、活き活きと生きていける大人になるまでを、年表のように俯瞰してみると、国家（母国）・自治体（ふるさと・出身）・学校（母校）…、いつも何らかの所属するサークルと居場所感を求めていると分かります。

そして、「ここが私の居場所だ」と信じられるかどうかは、その場所がどうか（どんなメンバーなのか、どのような文化や因習を持っているのか）ということ以上に、それを信じる人の「心のありよう」が大切だと思います。ある意味では「根拠のない自信」の一つかもしれませんが、仲間を仲間と信じて心をゆだね、関わり合い、話し合いくつろぎ合える心の土壌のようなものが大事なのです。

縁あって恵まれた様々な組織を、「自分の場所」と信じられるような人間として育つにあたって最も影響を与えるのが、最初の所属場所である家庭です。ここで「ああ、愛されたなあ」と感じた人は、サークルの仲間は自分を大切にしてくれると信頼できる人になるでしょうし、家に戻るたびにほっとする経験を積み重ねた人は、「おうち」があることの素晴らしさを信じられる人になるでしょう。

逆に言うと、日々生活する場で不安や恐れや緊張を感じた人は、大きくなって一つの会社に入っても「この会社じゃなかったかな」と考えたり「あっちの会社はよさそうだな」と、隣の芝を青く感じてしまう人になるでしょう。

多大な影響があるのは心理面だけではありません。例えば学習面では、家庭で影響を与える最大因子である親が、言葉を大切にして論理的に思考する人ならば、モデルとして常に真似する環境の中で、子もきちんと考えられる人になり学業も優秀に育つでしょう。また、体を動かす喜びを知り健康のためにスポーツを習慣にしている親に育てられれば、運動を友として健康な人生を送れる確率は高まるでしょう。心の面でも、知力の面でも、体の面でも、家庭の影響は、他のどんなものよりも大きいのです。

この本は、子育て真っ最中の若い親御さんに、その大事な大事な家庭を築く上で、心がけてほしいことを、いくつかの視点でまとめました。人は自分が育った実家の記憶と、今所属する家庭のことだけで「家」を語りがちですが、私たちはグループ全体で、何万という家庭を見てきました。長年多くの家庭とそこで育ちあがる子どもたちを見つめてきた私共の言葉が、参考になることがあったとすれば幸いです。

共著の形を取っていますが、相澤樹がほぼ全てを書いています。長年私が執筆したり、講演で言ったりしてきたことをしっかりと咀嚼し、自らの教育現場の経験を通して自分の言葉に結晶させ、しっかりとした相澤本として出来上がったと思います。たとえば「遠くまで光を届ける灯台のような家」という一言は相澤の言葉です。

この本が、子育てに悩む親御さんたちにとって、少しでも支えとなり力となりますように。

最後になりましたが、本書の刊行にあたりＰＡＲＴ１の家づくりに関する専門的な部分については積水ハウス株式会社様にもお話を伺い、その知見を参考にさせていただきました。この場を借りて、お礼申し上げます。

そして刊行までのスケジュールを組みなおしてくださった大和書房の皆様、何度も取材を重ねてくださり、遅筆な私たちへのサポートを続けてくださった編集担当の油利可奈さんには心より感謝を申し上げます。

花まる学習会　代表　高濱正伸

高濱正伸（たかはま まさのぶ）

花まる学習会代表。算数オリンピック委員会理事。1959年、熊本県生まれ。東京大学農学部卒、同大学院農学系研究科修士課程修了。1993年、「メシが食える大人に育てる」を理念とする学習塾「花まる学習会」を設立。1995年には、小学校4年生から中学3年生を対象とした進学塾「スクールFC」を設立。作文・読書・思考力・野外体験を重視した教育手法は、数多くのメディアに紹介されて大反響を呼ぶ。講演会には毎年3万人以上が参加し、子育てに悩む母親の救世主とも称される。2015年4月からは、佐賀県武雄市で官民一体型学校「武雄花まる学園」の運営にかかわり、市内の公立小学校全11校に拡大されることが決定した。著書に『伸び続ける子が育つお母さんの習慣』（青春出版社）、監修書籍に『マンガでわかる! 10才までに覚えたい言葉1000』（永岡書店）ほか多数。

相澤樹（あいざわ たつき）

花まる学習会関西ブロック長。1978年千葉県生まれ。2006年、花まる学習会に入社。高濱の元で花まるメソッドを学び、関東各地で授業を行いながら、花まる学習会の事業展開に従事。社員採用や講師育成も担い、現在の花まる学習会で活躍する人材を数多く登用してきた。

親と子、それぞれの視点から見える世界のギャップを埋め、相互理解を深めることが、よりよい親子関係の形成に繋がると提唱し、子どもの行動背景を見抜く観察眼と的確な指導で、多くの生徒や保護者から支持され続ける。講演「あと伸びする子の家庭の習慣」や「健やかに子どもが育つ住まいとは」は全国の小学校や企業から好評を博している。著書に『60点でも伸びる子、90点なのに伸び悩む子』（あさ出版）、『花まる学習会式12歳までに身につけたいシリーズ』（日本能率協会マネジメントセンター）がある。

あと伸《の》びする子《こ》はこんな家《いえ》で育《そだ》つ

2018年8月20日　第1刷発行

著　者　高濱《たかはま》 正伸《まさのぶ》
　　　　相澤《あいざわ》 樹《たつき》
発行者　佐藤 靖
発行所　大和《だいわ》書房
　　　　〒112-0014　東京都文京区関口1-33-4　TEL03-3203-4511
ブックデザイン　加藤愛子（オフィスキントン）
イラスト　カモ
本文印刷　信毎書籍印刷
カバー印刷　歩プロセス
製本　小泉製本

ISBN978-4-479-78437-1

http://www.daiwashobo.co.jp